Diseño de cubierta: Christian Albelo García
Ilustración: Daniel Santos Brito

© Croma Comisarios Culturales. 2016
ISBN-13: 978-1534609259
ISBN-10: 1534609253

Maquetación y diseño:
Tabaibamedia® Diseño y Comunicación Visual
www.tabaibamedia.com

Ilustración: Daniel Santos Brito
Editado por: Croma Comisarios Culturales
www.cromacultura.com

ESE EXTRAÑO LUGAR LLAMADO MUSEO

GUÍA BREVE PARA SACAR EL MÁXIMO
PARTIDO A TUS VISITAS AL MUSEO

AUTORES:

JAVIER ALBELO GARCÍA

ANA VIDAL MESONERO

FRANCISCO ALVARADO CORTÉS

LUIS MIGUEL GARCÍA NAVARRO

NATALIA GARCÍA BARRIUSO

INÉS CABELLO LEÓN

JESÚS LÓPEZ CLAVERO

AGRADECIMIENTOS

A todas las personas que, incluso antes de Croma, nos han mostrado su apoyo: a nuestros familiares, amigos y seguidores por haber influido en nuestras vidas, y en especial a Christian Albelo y Daniel Santos que han aportado lo necesario para que este libro sea una realidad.

QUIÉNES SOMOS

Croma Comisarios Culturales es una organización sin ánimo de lucro que se dedica a la difusión de la cultura y, en especial, a cuestiones relacionadas con los museos y el patrimonio histórico-artístico.

Nuestros objetivos son:

- Difundir y poner en valor el patrimonio cultural.
- Fomentar el espíritu crítico a través de la participación ciudadana.
- Desarrollar los valores humanistas.

Desde Croma Comisarios Culturales apostamos por la sociedad del conocimiento como vía que da libertad al individuo y lo dota de capacidad crítica. El conocimiento es actividad y no pasividad **–hay que interactuar para aprender–**, es una herramienta fundamental de participación y comunicación, que fomenta la creatividad y la innovación, siendo Croma un espacio de libertad de pensamiento y creación.

ÍNDICE

Introducción
Primeros pasos: reflexiona, planea y organiza.

Ten en cuenta...

Anticípate...

En el museo: disfruta, observa y aprende

Algunas claves...

Vivir el museo...

ÍNDICE

Últimos pasos

Sin salir del museo…

Al salir del museo…

Glosario de términos

CROMA

CULTURA

INTRODUCCIÓN

Cuando pensamos en un museo, nos viene a la mente una idea preconcebida, en la que se nos presenta un edificio donde se custodian objetos bellos, un espacio casi sagrado en el que no se puede hablar en voz alta, y donde se va a aprender. Pero, ¿qué es un museo hoy día?

Continuamente se produce un cambio de visión global, que viene unido al constante ritmo acelerado de la sociedad. El museo es otro reflejo más de este proceso evolutivo, pasando de ser un almacén de objetos valiosos o lugar de inquietud intelectual selecta a un espacio mediático y de encuentro. Por este hecho, no es de extrañar que el museo sea objetivo y herramienta política, así como un lugar donde invertir y, al mismo tiempo, motor que genera riqueza, dando un doble sentido económico y social al término *rentabilidad*. En este mismo contexto, sea causa o resultado, el museo es un organismo profesional que genera una importante actividad profesional y académica, capaz de llevar a cabo grandes proyectos, y al mismo tiempo es susceptible de ser estudiado debido al ambivalente interés que suscita.

Ahora que tenemos una visión general de lo que es un museo, cabe otra pregunta: ¿por qué vamos al museo? Vamos por diversos motivos: por curiosidad, por interés cultural, por obligación social, pero sea cual sea la razón, ¿sabemos visitar un museo? Una pregunta solo conduce a más preguntas; las respuestas te las ofrecemos aquí, en **Ese Extraño Lugar Llamado Museo.**

Se trata de una guía breve en la que hemos querido recoger una serie de consejos que te ayudarán a la hora de organizarte las visitas a los museos. Estos consejos surgen de nuestra propia experiencia, tanto en calidad de profesionales como de visitantes de museos y exposiciones, y los compartimos contigo porque creemos que nuestros errores y aciertos pueden ayudarte a ti el día de mañana. Precisamente por esto, por nacer de nuestra experiencia personal, se trata de consejos de gran utilidad, pues surgen del contacto con la realidad, de la observación de las dinámicas de diferentes situaciones y del análisis in situ de los diferentes casos expuestos.

Ese Extraño Lugar Llamado Museo te introduce en el paradigmático mundo de los museos de una forma distinta, ofreciéndote otro enfoque que tal vez nunca te hayas planteado, sin prisas, contemplando a la par que viendo, sacando el máximo partido a tu visita, motivándote para volver a repetir la experiencia.

A lo largo de las páginas de esta guía te encontrarás con un total de veintitrés consejos repartidos en tres apartados diferentes, que se corresponden con cada uno de los tres momentos en los que se divide una visita: el antes, el durante y el después. La guía no está concebida para ser leída como una novela, es decir, de principio a fin, ni tampoco para poner en práctica todos y cada uno de los consejos que ofrecemos al mismo tiempo.

La guía está pensada para que busques cuáles son los consejos que más se adaptan a ti, a tus objetivos y a tu modo de entender y visitar un museo: consulta los consejos que creas que te serán más útiles e intenta ponerlos en práctica. Además, al final encontrarás un glosario en el que recogemos los términos más frecuentes con los que te encontrarás durante una visita, y que puedes consultar en caso de que tengas alguna duda.

Nuestro objetivo último es que reflexiones sobre la visita al museo y todo lo que te puede ofrecer si, en lugar de entrar en el museo «al desnudo», realizas una serie de pequeños ejercicios que te ayudarán a enriquecerla enormemente.

Desde **Croma Comisarios Culturales** esperamos que disfrutes de esta guía como lector y como asiduo de museos y exposiciones, y que con ella tus visitas sean más intensas y gratificantes.

PRIMEROS PASOS

REFLEXIONA, PLANEA Y ORGANIZA

TEN EN CUENTA...
1. UNA REFLEXIÓN: ¿IR AL MUSEO?

¿Por qué?

En primer lugar y como punto de partida de este pequeño libro sobre consejos para visitar museos, queremos plantear una pequeña reflexión inicial: ¿por qué vamos a los museos?

Esta es una pregunta que los expertos en museología llevan años planteándose, ya que descubrir esos intereses del público supone mejorar, en la medida de lo posible, los recursos que los museos ofrecen al visitante. Estas mejoras han avanzado —y continúan haciéndolo— a pasos agigantados en los últimos años, especialmente si tenemos en cuenta la introducción de las tecnologías de la información y de la comunicación, y el nacimiento de departamentos didácticos y de divulgación dentro de los propios museos.

Volviendo a las razones que nos llevan a visitar un museo tenemos que señalar, en primer lugar, que el público debería acudir al museo porque le interesa lo que va a visitar, ya sea porque persigue una nueva experiencia estética en el disfrute de la contemplación de lo que nos ofrece el museo, o porque busca informarse y ampliar sus conocimientos en torno a un tema. Pero, de hecho, esto no siempre es así.

Por otro lado, la idea de visitar un gran museo o una exposición supone para mucha gente hacer un tremendo esfuerzo, luchando por vencer el tedio y el cansancio para avanzar sala tras sala. Parece que la visita se convierte casi en una obligación intelectual y cultural. La sociedad espera de nosotros que nos fotografiemos con La Gioconda, o eso es lo que llegamos a pensar cuando hacemos turismo cultural.

Nos sentimos en la obligación de hacer esa fotografía, de documentar nuestras visitas y nuestros hábitos culturales. Gombrich nos habló de esto en el prólogo de su *Historia del arte*:

"A veces observamos a ciertas personas que pasean a lo largo de un museo con el catálogo en la mano. Cada vez que se detienen delante de un cuadro buscan afanosamente su número. Podemos verlas manosear su catálogo, y tan pronto como han encontrado el título o el nombre se van. Podían perfectamente haberse quedado en casa, pues apenas si han visto el cuadro. No han hecho más que revisar el catálogo. Se trata de inteligencias de corto alcance que no están hechas para la contemplación gozosa de ninguna obra de arte."

Esto trae como consecuencia el vivir una experiencia que no disfrutamos, y eso es frustrante. Por tanto, es una connotación que debe desaparecer de nuestra mente. El fin último de ir a un museo no es un hábito social.

Por último, tenemos que hablar de la visita al museo como hábito social legitimador de una cierta posición socio-económica. Puede sonar a tópico que la gente acuda a los museos, galerías o exposiciones temporales por «esnobismo», para hacerse la foto, rodearse de gente rica, guapa o de los intelectuales de moda (esto parece la piedra angular de las inauguraciones y las ferias de arte, y por desgracia sigue habiendo una cierta connotación elitista en los museos y en el arte, sobre todo en el caso de determinadas exposiciones, por ejemplo las de arte actual). Hay que apuntar también que este hábito no es el predominante, y que cada vez un sector mayor de la sociedad accede al museo, y lo hace en calidad de usuario del patrimonio que disfruta con la contemplación del mismo, más allá del concepto decimonónico de museo como templo de las artes o del saber reservado a una élite social.

Insistimos en señalar que poco tiene que ver el concepto *disfrute* con el de *consumo*, y creemos que ahí tenemos la clave del éxito para hacer de nuestra visita un auténtico placer o una experiencia enriquecedora a nivel personal y/o profesional.

Por todo esto, lo que suele sucedernos a menudo al visitar un museo de grandes dimensiones, es que tras un par de horas de contemplación de obras maestras empecemos a desconectar, a sentirnos agotados y agobiados por tal experiencia estética. Comenzamos a dejar de disfrutar de lo que vemos, y llegando a plantearnos la idea de abandonar el museo y salir corriendo para refugiarnos en la cafetería más cercana. Esto le sucede a cualquier persona, incluso a las que tanto por cuestiones personales como profesionales nos interesa la cultura. Así nos puede ocurrir al visitar el Museo del Hermitage de San Petersburgo, que abarca hasta veintiocho temáticas diferentes a lo largo de sus casi cuatrocientas salas.

Creemos que es importante seguir una serie de consejos para evitar que esto nos suceda y, si realmente queremos conocer lo que el museo nos ofrece, hacerlo de una forma que nos resulte más amena. Con estos consejos y un poco de curiosidad e interés, adoptaremos la actitud positiva necesaria para hacer de la visita algo satisfactorio, relajado y entretenido, huyendo de actitudes muy del siglo XXI como el consumo desenfrenado de bienes culturales.

Por esta razón debemos pararnos a reflexionar sobre qué espero de la visita a un museo determinado, qué es lo que me gustaría ver y qué es lo que quiero aprender de esa visita.

¿Cómo?

Uno de los problemas más habituales es que cuando pensamos en *museo* directamente asociamos esta palabra a un tipo muy concreto de museo: el de bellas artes. Pero no debemos olvidar que existen museos de temáticas muy diversas (ciencias naturales, antropología, artes aplicadas, museos tecnológicos, etc.) y que si las artes plásticas no figuran entre nuestros principales intereses, quizás debamos optar por visitar un museo más acorde a nuestros gustos. Lo mismo sucede con las exposiciones temporales. Por eso te recomendamos que elijas una visita (museo o exposición) que se adapte a tus gustos, inquietudes o intereses.

Por otro lado, escoge un momento en el que te apetezca realizar esa visita y dispongas de tiempo para ello, ya sea para desconectar del trabajo, conocer la obra de un artista en buena compañía o para ampliar tus conocimientos en torno a un tema.

Planifica cuidadosamente la visita y busca información previamente, para saber qué visita podría interesarte más. Es importante acudir al museo con tiempo suficiente para poder ver lo que se ha planificado sin prisa y con calma **(ver consejo nº 7)**.

Sobre todo, lo más importante es que disfrutes de la experiencia y saques el máximo partido. Si por ejemplo se trata de una obra de arte, fíjate en su cromatismo, sus formas, su temática; explora las emociones que despierta en nosotros más allá de la cartela, de si es un Velázquez o un Pollock, de su antigüedad, del museo que ha prestado la obra o de su cotización en el mercado **(ver consejo nº 14)**.

También te recomendamos eliminar esa idea preconcebida de que visitar un museo supone una experiencia tediosa y fatigosa. La visita no es una obligación social. Por tanto debes acudir solamente si realmente te apetece en ese momento y si te interesa lo que vas a visitar.

Es muy importante que te informes previamente para hacerte una idea de lo que esperas de la visita. No olvides además que, cuanto más sabemos de algo, más nos apetecerá completar esa información o conocer personalmente y en directo aquello que tantas veces hemos visto en fotografía o estudiado **(ver consejo nº 6)**.

2. LAS AGLOMERACIONES: EL PEOR COMPAÑERO DE VISITA

¿Por qué?

Una experiencia negativa, que todos hemos tenido en muchas ocasiones al acudir a museos y exposiciones, es la dificultad para realizar la visita debido a la masiva afluencia de público.

No hay nada más incómodo que ver una obra de arte en cuarta fila o esperar una cola kilométrica para acceder al museo. Este tipo de experiencias hacen que nuestra visita sea incómoda y dificultan la comprensión y el disfrute estético.

Sabemos que las aglomeraciones, sobre todo en ciertos museos, son casi inevitables, pero te proponemos una serie de consejos para evitar que este hecho te estropee una interesante jornada cultural.

Asimismo, desde aquí instamos encarecidamente a muchos museos a respetar el aforo de las salas, ya que hemos visto exposiciones en las que se estaba poniendo en peligro no solamente la comodidad y el disfrute de los visitantes, sino también la seguridad y conservación de las propias obras.

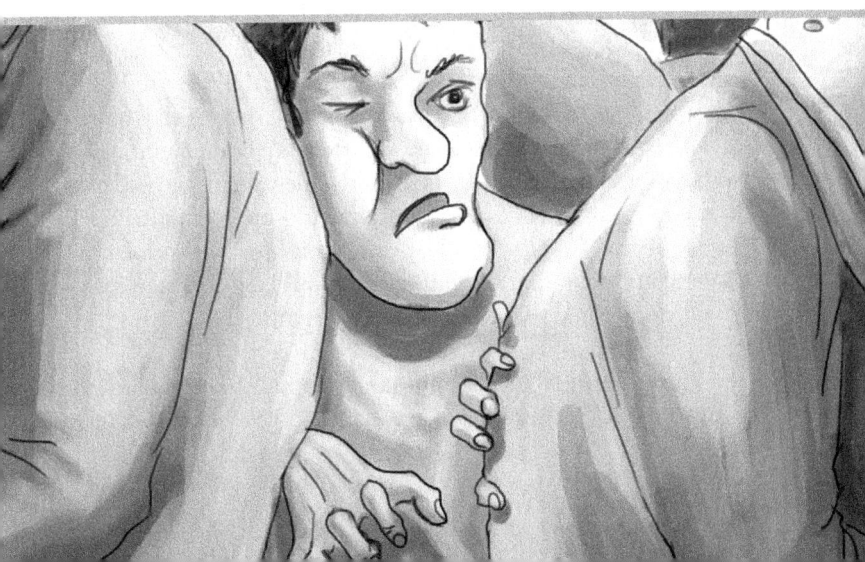

¿Cómo?

Ten en cuenta que los peores días para visitar el museo son los festivos y los fines de semana. Si es posible, elige un día y una hora en los que la afluencia al museo o exposición no sea masiva, sobre todo días entre semana a mediodía o a primera hora de la mañana.

Si se trata de una exposición temporal o de un montaje de cierto renombre, como las exposiciones-espectáculo –donde la masiva afluencia de público está asegurada–, trata de adquirir la entrada con antelación, evitando colas innecesarias. El procedimiento es diferente según el museo, generalmente es por Internet o en una taquilla específica con cola aparte (esto sobre todo en las grandes instituciones con fuerte afluencia de público). Es preferible que, aunque la temporalidad del acontecimiento nos presione a acudir cuanto antes, retrasemos nuestra visita alejándola tanto de la fecha de la inauguración como de la de cierre, ya que mucha gente suele acudir los primeros días o lo deja para el último momento.

En caso de que estés de paso en esa ciudad y no te quede más remedio que acudir en días de mayor afluencia o si solo dispones de un tiempo limitado para la visita, trata de programar el recorrido **(ver consejo nº 7)**.

Ten paciencia si te ves atrapado en una cola o en una aglomeración. Habrá casos en los que dé igual qué día o a qué hora vayas: siempre te encontrarás este problema. Este es el caso de los Museos Vaticanos, en Roma, que cuentan con una infraestructura incapaz de asimilar tal cantidad de visitantes, poniendo como ejemplo el caso de 2011, cuando recibieron más de cinco millones. Puedes emplear este tiempo en contemplar la arquitectura del museo o en ir leyendo información relativa a lo que vas a visitar. Así que, ¡llévate los apuntes!

Ten en cuenta que los días en que la entrada es gratuita (en algunos casos la gratuidad es en determinadas horas del día) acude mucha más gente. A veces es preferible pagar la entrada del museo o exposición que acudir en horario de acceso libre. Te podemos asegurar que visitarás el museo con mayor comodidad y te compensará haber pagado la entrada.

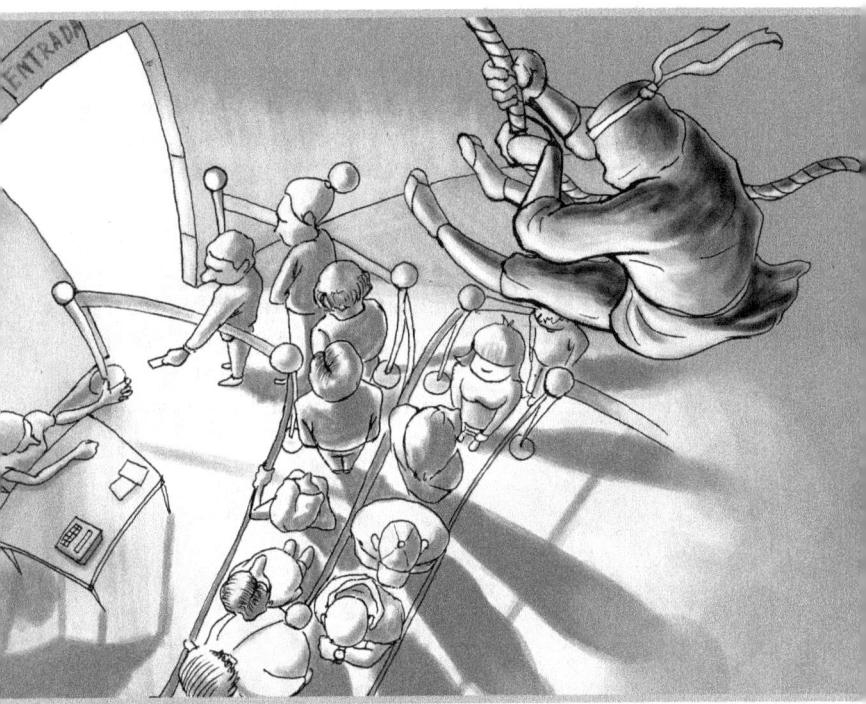

3. EL MUSEO Y LOS NIÑOS: UNA VISITA DIFERENTE

¿Por qué?

Si acudimos a visitar un museo con niños hemos de tener en cuenta que su capacidad de atención, de asimilación y su interés es mucho menor, y que para ellos es muy pesado aguantar una visita a un museo. Esto se acentúa al tratarse de niños muy pequeños. Tampoco podemos exigir a los niños que se comporten como lo haríamos nosotros. Es normal que cuando se cansen traten de distraerse, o les cueste mucho estarse quietos y en silencio.

Las visitas desde edades muy tempranas fomentan los hábitos de disfrute intelectual. Los niños aprenderán a comprender y valorar los bienes culturales y a comportarse correctamente en un museo. También estaremos fomentando valores como la concienciación de la importancia de conservar y proteger el patrimonio cultural.

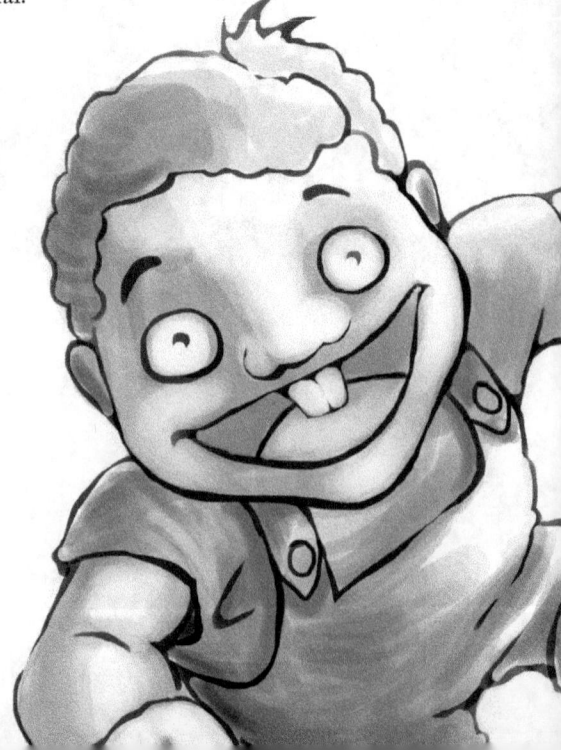

¿Cómo?

En este caso, te proponemos dos soluciones, por un lado, puedes unirte a actividades programadas por el museo, y por otro, diseñar tú mismo una visita para los más pequeños.

- En caso de que te sumes a las actividades del museo:

La mayoría de museos cuentan con un departamento de didáctica que se encarga de organizar talleres y actividades muy interesantes de acuerdo a cada nivel de edad, y para que los más pequeños conozcan de forma amena el museo y sus fondos. Por ello es importante consultar la página web del museo para poder hacer una visita didáctica o para participar en los talleres. Algunos organizan actividades innovadoras y de gran calidad. Tal es el caso del Área de Didáctica del Museo Thyssen-Bornemisza y los recursos educativos que promueven, como las guías didácticas de sus exposiciones temporales, o las visitas taller para familias.

Es recomendable que te informes con antelación sobre las actividades y recursos didácticos del museo para poder aprovecharlos; muchos de ellos están diseñados para hacer una visita en familia.

Si el museo dispone de espacios de ocio y descanso para niños, una opción es que se queden allí, y entonces los padres pueden continuar con la visita independientemente.

- Sobre todo si se trata de un museo de grandes dimensiones o bien de una exposición que implica un cierto grado de madurez/complejidad, es importante hacer con ellos pequeñas visitas adaptadas a su ritmo y que resalten aquellos valores que les puedan llamar más la atención, como por ejemplo el cromatismo o la temática.

Te proponemos diseñar una pequeña visita al museo haciendo hincapié en las obras que más puedan llamar la atención del niño. Se trata de hacer una pequeña selección de lo que más pueda interesarle.

Debes informarte previamente y hablarle de la temática del museo, las piezas y su significado, los autores y los coleccionistas, haciendo hincapié a su vez en aspectos puramente estéticos y pequeños matices que el niño es capaz de apreciar sin prejuicios adquiridos.

Recuerda que es recomendable que la visita sea breve.

Debes enseñar a los niños a visitar un museo en una actitud respetuosa con el resto de visitantes.

No olvides que algunas exposiciones, sobre todo de arte contemporáneo, muestran imágenes no aptas para menores o que pueden herir la sensibilidad del público (los museos deberían señalarlo), por tanto evita enseñar este tipo de contenidos a los más pequeños.

4. LA EQUIPACIÓN: UN FACTOR CLAVE

¿Por qué?

Aunque este consejo parezca innecesario dado lo lógico del mismo, por su importancia no queremos dejar de tratarlo.

La equipación que lleves al museo es algo fundamental, ya que el ir cómodo y preparado te permitirá disfrutar más o menos de la visita. Hay que tener en cuenta que el recorrido por las salas puede alargarse varias horas —sobre todo si el museo es extenso—, de modo que cualquier pequeña incomodidad se irá agravando según transcurra el tiempo. El permanecer fresco físicamente hasta el final dependerá en gran medida de cómo vayas preparado, y de aguantar sin molestias físicas depende, a su vez, el poder disfrutar al máximo de aquello que contemplas.

Más allá de tu comodidad, has de pensar en todos aquellos elementos que te podrán servir para aprovechar más el recorrido por el museo (cámara de fotos, libreta para tomar apuntes,…).

¿Cómo?

Es muy importante llevar un calzado confortable; en caso de las mujeres, mejor si el zapato es plano. Muchas horas de pie acaban pasando factura a nuestros pies, así que intentaremos reducir lo máximo posible su sufrimiento.

No cargues con demasiado peso, pues en este caso, lo que sufrirá será tu espalda. Largas horas con bolsos, bolsas o mochilas muy pesados acabarán provocándote dolores en los hombros, las lumbares,… Controla con lo que cargas a la hora de iniciar el recorrido. Del mismo modo, entérate primero de si el museo cuenta con servicio de consigna, y si es así, no dudes en utilizarlo, si por el contrario carece del mismo, deberás tenerlo presente a la hora de llenar tu bolsa.

No olvides todos los demás objetos que te facilitarán el disfrutar y el aprender durante tu visita al museo: cámara de fotos (si está permitido hacer fotos en ese museo en concreto), lápiz y papel para hacer anotaciones (puedes apuntar las dudas que te surjan, los nombres de aquello que más te llama la atención,…), etc.

Depende de ti mismo decidir qué llevar y qué no, aprende de experiencias pasadas para ver qué cosas se pueden ir mejorando.

5. EL DISEÑO: UNA VISITA A MEDIDA

¿Por qué?

Es difícil que te interesen por igual todos los fondos del museo. Seguro que tienes preferencias y gustos concretos, habrá cosas que disfrutes más y otras menos. Ten presente también que a la hora de visitar un museo solemos tener un tiempo limitado para dedicarle (unas horas, una mañana,…), y nuestras energías también son limitadas (debemos reconocer que visitar un museo es cansado, son muchas horas de pie): ¿cuánto tiempo eres capaz de aguantar antes de empezar a notar fatiga?, ¿cuánto tiempo crees que podrás permanecer dentro del museo sin sentirte tan cansado como para no disfrutar aquello que contemplas?

Todos estos son factores muy importantes a tener en cuenta, pues si no te diseñas bien la visita es probable que tengas que abandonar el museo antes de lo que habías previsto, dejando cosas que te interesan por ver y habiendo visto, sin embargo, otras que no te resultaban tan interesantes. Por eso creemos que

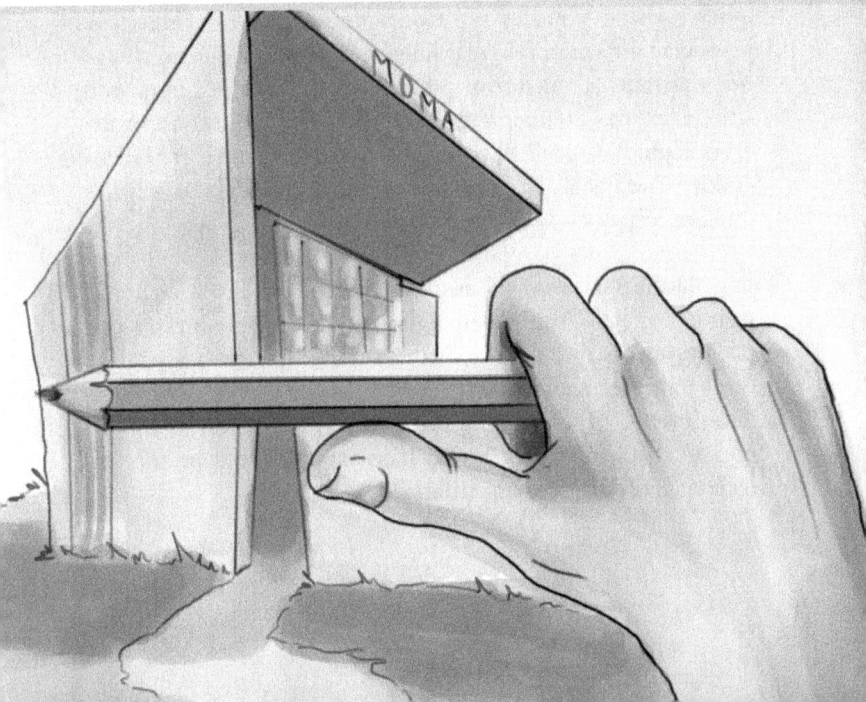

lo mejor que puedes hacer es proyectar tu visita, decidir tus prioridades, qué te interesa ver y qué no. Si empiezas por lo que para ti es más importante, y cuando acabes aún te quedan fuerzas, siempre podrás ir a ver otras cosas que haya en el museo; pero si tienes que abandonar el museo por cansancio o falta de tiempo, al menos habrás visto lo que tú consideres más relevante.

Esto es especialmente importante en museos tan extensos y que abarcan temas tan variados como el Musée du Louvre de París, que incluye más de veinte temáticas diferentes (culturas, territorios,…) a lo largo de sus centenares de salas. Cuando visites museos semejantes has de partir de la base de que no te dará tiempo a verlo todo, y por eso es mejor seleccionar a priori qué es lo que verás, que entrar y empezar a ver salas simplemente «hasta donde aguante».

¿Cómo?

Tan fácil como entrar en la página web del museo y consultar sus fondos y su distribución por salas. Infórmate sobre la temática de cada sala y las obras que se exponen. Decide cuáles quieres visitar y cuáles no. Consigue un plano del museo y proyecta un recorrido lo más lineal posible, en el que no tengas que dar muchas vueltas ni pasar muchas veces por el mismo sitio, y lo más coherente posible (por ejemplo, según orden cronológico). Calcula el tiempo que tardarás en hacer el recorrido y si se ajusta al tiempo disponible que tendrás o las horas que eres capaz de aguantar de pie.

Para ello te será muy útil usar la información que te facilita la web del museo. Aunque en algunos casos te encontrarás con páginas en las que te falte información, también hay páginas que están muy bien y que te facilitan la tarea. Un ejemplo es la del Museo Guggenheim de Bilbao, una página muy completa, con mucha información y muy bien explicada, que podrás utilizar si algún día decides visitarlo.

6. LA PREPARACIÓN: APRENDIENDO EN EL MUSEO

¿Por qué?

Si dedicas unas pocas horas a prepararte la visita, buscando información sobre lo que vas a ver, seguramente disfrutarás y aprovecharás la visita mucho más. No es lo mismo contemplar algo sobre lo que no conocemos nada, que contemplar algo conociendo la historia de la época en que ese elemento se creó, quién fue su autor, etc. Se disfruta mucho más de las cosas cuando se sabe algo de ellas, y es más fácil retener la nueva información cuando ya tenemos otros datos en la mente a los que asociarla.

Es un modo de disfrutar aprendiendo; tómatelo como un juego. Lee algo antes de ir al museo, infórmate, y después comprueba lo que has sido capaz de aprender. Intenta asociar lo que ves en el museo con aquella información que has consultado antes. No hay nada más gratificante que comprobar que hoy sabemos un poco más ayer, que somos capaces de aprender.

¿Cómo?

Infórmate sobre la temática del museo y sus fondos, sobre lo que vas a ver exactamente. Después busca información relacionada que creas que te será útil a la hora de realizar la visita: contextos históricos, corrientes de pensamiento, biografías, etc. Por ejemplo, si vas a ir al Museo Nacional del Prado y quieres ver las salas de Velázquez, aparte de informarte sobre el pintor, puedes leer algo sobre la Edad de Oro de la pintura española o el interés por el arte de Felipe IV para comprender mejor su contexto.

Asimismo, puedes buscar la información en alguna biblioteca o bien en Internet. Existen muchas páginas web que te podrán ayudar, ya que te ofrecerán la información más clasificada y resumida que muchos libros, así como vídeos, documentales e imágenes. Si la página web del museo es completa y está cuidada, te ofrecerá toda la información que necesites y otras fuentes donde poder ampliarla. Ten presente que los museos suelen contar, además, con bibliotecas especializadas en su ámbito y que por lo general son accesibles al público.

No se trata de aprenderlo todo sobre algo, solo de recopilar algo de información básica para después poder comprender mejor lo que vamos a ver en el museo. El objetivo es disfrutar aprendiendo, no lo olvides (ver consejo nº 20).

EN EL MUSEO

DISFRUTA, OBSERVA Y APRENDE

ALGUNAS CLAVES... ▰▰▰▰▰▰▰▰▰▰▰
7. LAS EXPOSICIONES TEMPORALES: UN PEQUE-
ÑO MUSEO

¿Por qué?

Cuando vayas a visitar la exposición temporal de un museo,
dedícate exclusivamente a ella si crees que tendrás la oportunidad de volver a visitar el museo.

Ya con la visita a la exposición temporal recibimos muchísima
información, porque en la mayoría de los casos se trata de un
estudio o investigación exhaustivo sobre un período, movimiento, temática, etc. Si aparte de esta, visitamos la colección
permanente, vamos a terminar cansados de recibir tanta información y cuando salgamos tendremos en la cabeza una mezcla
de todo lo que hemos visto.

Generalmente, los grandes museos organizan exposiciones
temporales de gran importancia que nos permiten adquirir un
conocimiento más profundo sobre un tema en concreto. Para
visitar este tipo de actividad es mejor dedicarte exclusivamente
a ella, y es imprescindible además organizarte el tiempo del
que dispones **(ver consejo n° 7).**

Antes de la visita, intenta evitar las colas. Si se trata de una exposición de gran importancia que se ha inaugurado hace poco,
seguramente encuentres cola en los primeros días de su inauguración, y hallarás más gente sobre todo por las tardes y durante
los fines de semana. Por lo tanto sería ideal visitarla durante la
mañana, o mejor aún durante el mediodía **(ver consejo n° 2).**

Como si se tratase de una visita a la colección permanente, puedes informarte sobre la exposición antes de visitarla, consultando la página web del museo o cualquier otra fuente. Los museos también suelen ofrecer material didáctico como visitas guiadas o audioguías para las exposiciones.

¿Cómo?

Para visitar una exposición temporal lo más importante es informarse sobre los horarios y tener el tiempo suficiente para verla. Hay que tener siempre en cuenta que las exposiciones temporales no son solo un estudio exhaustivo sobre un tema: para realizarla hay detrás todo un proceso de elaboración que abarca infinidad de tareas, tales como la elección de las obras, el diseño expositivo, el montaje e instalación de las obras, su conservación, la difusión de la exposición, la organización de las actividades, la redacción del catálogo, etc. Por lo que es interesante observar cómo están distribuidas las obras, el diseño de la exposición, el discurso que se ha querido transmitir, etc.

Te recomendamos consultar bibliografía sobre la temática que te ofrece la exposición para tener una idea de lo que vas a ver. A partir de aquí te sugerimos informarte además sobre los recursos que te ofrece el museo para poder realizar una visita más completa (ver consejos nº 6 y 8).

8. UNA VISITA PEDAGÓGICA: EL MUSEO Y SUS RECURSOS DIDÁCTICOS

¿Por qué?

Los museos ponen a nuestro alcance numerosos y variados tipos de recursos de carácter didáctico para facilitarte la comprensión y asimilación de toda la información que se te transmite. Ten en cuenta que el aprovecharlos te facilitará mucho la tarea de aprender dentro del museo, pues enfrentarte a una exposición «desnuda» es una ardua tarea apta solo para unos pocos privilegiados.

Encontrarás recursos apropiados para ti, ya que la oferta suele ser muy variada: si te gusta ir solo al museo, si prefieres ir en grupo, si no te gusta prepararte en casa y prefieres que te lo cuenten todo, si te gusta participar en actividades, etc.

¿Cómo?

Una manera eficaz de informarse sobre todo este tipo de actividades es mediante la web del museo o mediante las redes sociales. Otra alternativa es ir directamente al museo e informase de todas las actividades en el punto de información del museo o en la taquilla. La mayoría de los museos ofrecen gran variedad de actividades que complementan tu visita, desde audioguías, visitas guiadas, visitas virtuales, medios para las personas discapacitadas, conferencias, cursos, diferentes programas educativos, talleres, juegos interactivos, conciertos, etc.

Ir con un guía del museo te permite hacer preguntas y tener acceso a información bastante interesante. Pero si prefieres ir por libre y no quieres seguir a un guía, te recomendamos que utilices las audioguías: son una forma de conocer las colecciones del museo de manera independiente, pero tienen la desventaja de que solo puedes consultar la información que hay en ella.

En los museos españoles se están desarrollando cada vez más actividades educativas online para sus visitantes virtuales, y se están trasladando los programas educativos a la red. Esto significa un gran adelanto, pues la persona que se encuentre en otra ciudad o país tiene muchas más facilidades para estar al corriente de las últimas novedades del museo. Existen cada vez más variedades de recursos didácticos online en los museos que pueden resultar muy interesantes y atractivos. Asimismo, tienes la opción de acceder a visitas virtuales al museo desde tu ordenador, incluso consultar otro tipo de información complementaria, como el catálogo digitalizado o boletines. Por último, cabe mencionar la presencia de los museos en las redes sociales, como otra de las herramientas virtuales de gran utilidad para su difusión y publicidad.

Además de los recursos didácticos online, el museo nos ofrece actividades y talleres presenciales específicos que ayudan a la comprensión de la exposición o de la temática propia del museo. Del mismo modo, el propio museo oferta otras actividades complementarias, como jornadas de investigación, congresos, cursos, conciertos... generalmente relacionados con la temática del museo o de alguna exposición.

Otros recursos que te pueden resultar muy útiles son los planos que te ofrecen los museos, para poder seleccionar las salas o temáticas que te interesen y poder distribuirte tu tiempo. Son de gran utilidad cuando se trata de un museo de grandes dimensiones como el Metropolitan Museum of Art de Nueva York, que cuenta con casi mil salas. No hay que olvidar las cartelas informativas sobre las obras o incluso sobre las salas, que te dan una idea sobre lo que estás viendo.

Otra manera de utilizar los recursos es entrar en la tienda del museo, donde podrás encontrar catálogos o libros relacionados con tu visita **(ver consejo nº 19)**.

Los museos, por lo tanto, ofrecen gran cantidad de información adicional que puede ayudar a complementar la visión de una exposición o una visita a la colección permanente

9. LA MEJOR COMPAÑÍA: LA VISITA EN SOLITARIO VS. LA VISITA EN GRUPO

¿Por qué?

En ocasiones es recomendable hacer la visita al museo solo, pero a veces el hecho de ir acompañado nos ayuda no solo a observar la exposición, sino a hablar sobre ella, a compartir conocimientos o sensaciones. Hay que tener en cuenta que la visita a un museo es siempre toda una experiencia.

Aunque podamos pensar que es algo poco común, la visita en solitario a una exposición o museo es muy frecuente. Ir solo es una experiencia atractiva, que mantiene nuestros sentidos atentos a cuanto nos rodea, sin distracciones ni limitaciones; tú eres dueño de tu tiempo, y tú decides en qué lo vas a invertir, sin estar sujetos a los gustos y el ritmo de otros acompañantes.

A veces no nos es suficiente con contemplar un museo o exposición en soledad, sino que una contemplación activa mediante una descripción o análisis de los objetos expuestos nos puede enriquecer mucho más que su contemplación individual: qué mejor que expresar y compartir la emoción con otra persona. Aunque está claro que todo depende también de la persona que nos acompañe: si se trata de una persona con conocimientos sobre el tema, verá cosas que nosotros no percibimos, y así nos podrá ayudar a comprender mejor lo que estamos viendo.

¿Cómo?

Cuando estés planificando tu visita, averigua si realmente necesitas la compañía de una persona para realizarla. A veces es mejor ir solo, ya sea por la temática del museo o de la exposición, por tu formación académica y profesional, por tus gustos e intereses. Puede darse el caso de que por circunstancias especiales, como un viaje, estés solo en la ciudad. En este caso, ir al museo o a la exposición es un buen plan para hacer en soledad; la experiencia resulta más enriquecedora si la ciudad no es tu lugar habitual de residencia.

Así que organízate la visita **(ver consejos n° 4, 5 y 6)**; o bien, si no has tenido tiempo o el plan ha surgido en el momento, déjate llevar **(ver consejo n° 11)**.

Si has decidido ir acompañado, ten en cuenta que los conocimientos de una persona experta pueden aportar mucho en la visita. Del mismo modo, sea o no una persona entendida en la materia quien va contigo, siempre te permitirá intercambiar opiniones e ideas sobre lo que estás viendo o has visto, tanto durante el recorrido como una vez fuera del museo **(ver consejo n° 21)**.

Otra alternativa interesante sería realizar la visita en grupo. Antes de ir al museo, cada miembro del grupo podría prepararse una parte del mismo. Por ejemplo, si se tratara de un museo de arte, una persona se dedicaría a estudiar el contexto histórico, otra el movimiento artístico en cuestión, otra un artista concreto, etc. Así os proponemos una interesante actividad cultural que permitiría un aprendizaje en colectivo, entre amigos o compañeros. Aparte de todo esto, este tipo de actividad te ayuda a sociabilizarte y a poder expresarte cada vez mejor en público. Pero siempre hay que tener en cuenta que debemos respetar al público que nos rodea.

10. EL DESCANSO: UNA BUENA OPCIÓN

¿Por qué?

Todos sabemos que si visitamos un museo durante mucho tiempo nos cansamos. El hecho de caminar durante el recorrido sin hacer pausas nos puede provocar agotamiento, y como consecuencia no disfrutas de tu visita como lo estabas haciendo cuando comenzaste.

Una experiencia cultural de larga duración nos puede provocar incluso rechazo, por eso es fundamental realizar un descanso, tomarte el tiempo necesario para desconectar de lo que has visto y recargar pilas antes de comenzar de nuevo. Ten en cuenta que cada vez son más los museos que nos ofrecen áreas de descanso; en muchos de ellos podemos encontrar zonas como jardines o cafeterías para poder descansar. En el Museo Sorolla de Madrid, los jardines de la antigua casa del pintor se nos presentan como un escenario idóneo tanto de bienvenida como parte del propio recorrido museístico, invitándonos al descanso para despejar la mente y seguir posteriormente con la visita.

¿Cómo?

En primer lugar, es importante que reconozcas los síntomas del cansancio: este puede ser físico e ir acompañado de ciertos dolores (como los de pies y espalda), pero también puede serlo mental, impidiendo la concentración y la correcta percepción de aquello que observas. Si notas cualquiera de estos síntomas, es el momento idóneo para hacer una pausa.

Un descanso siempre es fundamental cuando vamos a pasar un tiempo largo en el museo. Según el nivel de cansancio, puedes optar por hacer un alto en el camino en lugares de descanso en el interior de la misma sala o en los pasillos adyacentes; o si precisas de más tiempo, infórmate de si el museo cuenta con cafetería o áreas de descanso.

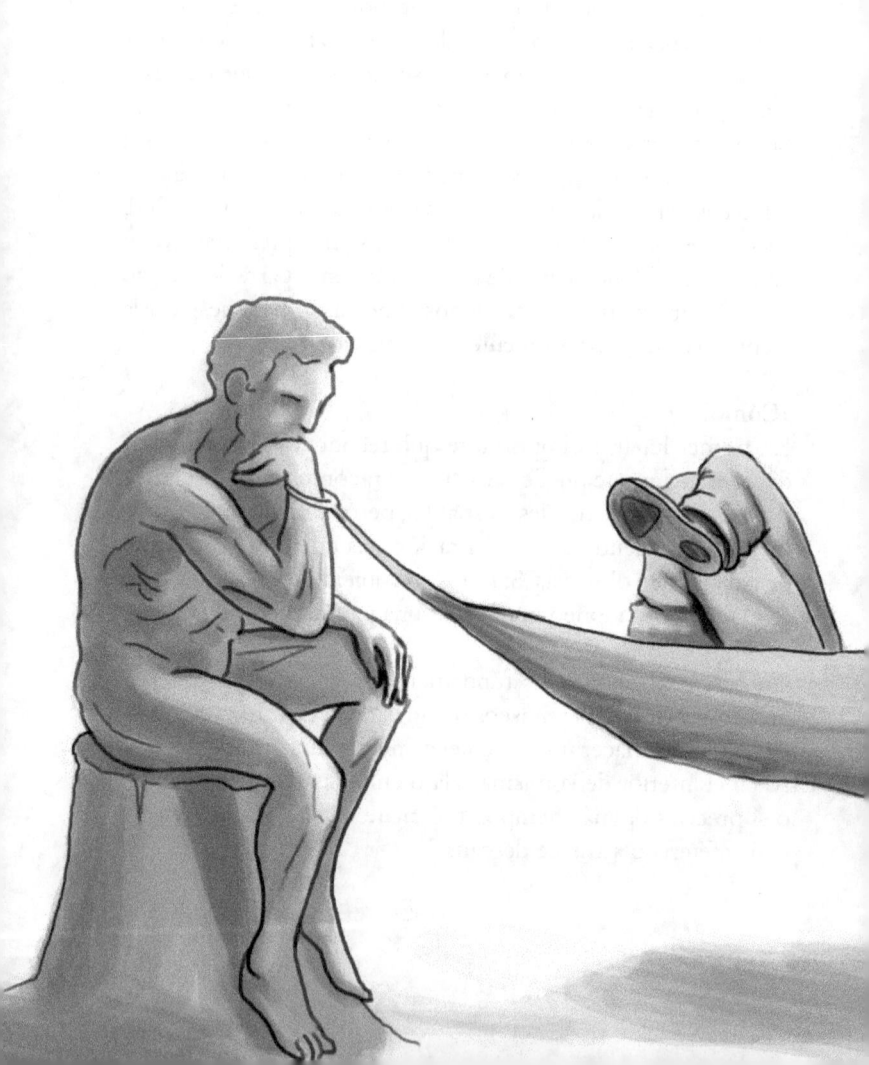

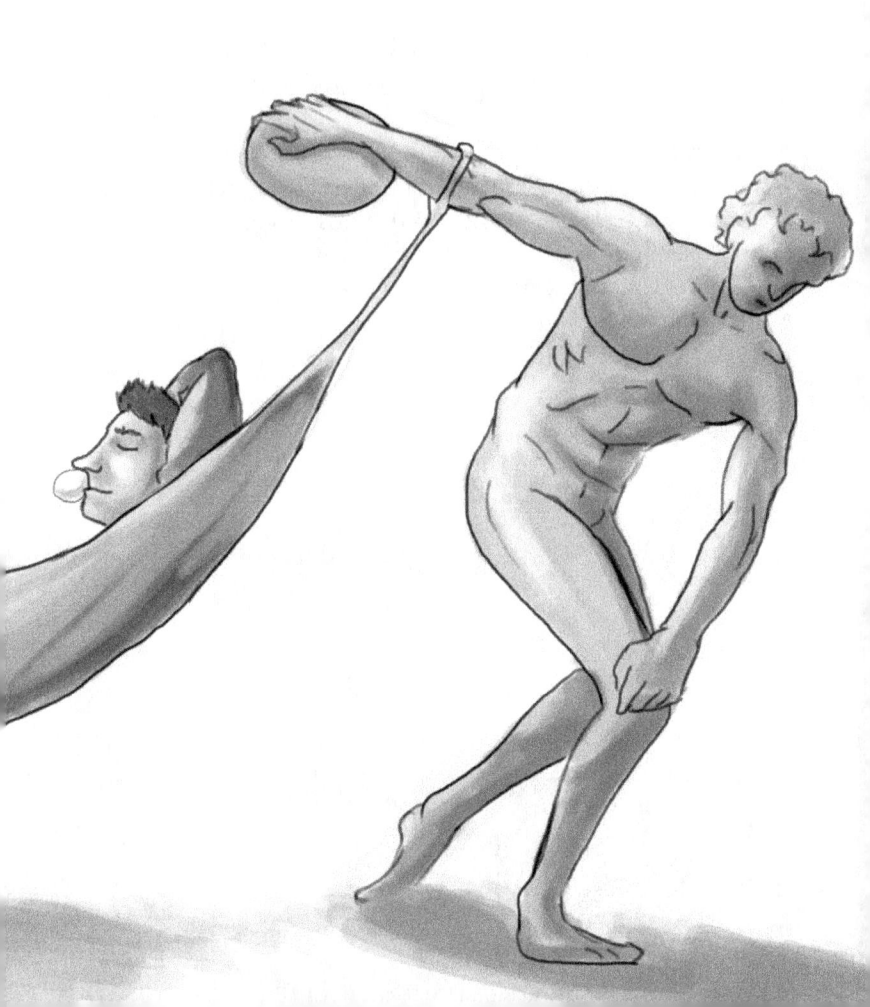

11. UNA VISITA NO PLANIFICADA: EL MUSEO «EN BRUTO»

¿Por qué?

Si no has planificado la visita, no hay por qué preocuparse. A pesar de que hemos repetido a lo largo de las páginas de esta guía que es mejor ir bien preparado al museo, y así lo creemos, también puede ser una experiencia interesante disfrutar del museo sin una planificación previa. Tal vez la clave sea enfocar la visita desde un punto de vista diferente, limitándose, por ejemplo y si se trata de un museo de arte, al mero disfrute estético de las obras, sin preocuparse por contextos, cronologías o autorías. Plántate delante de un cuadro y simplemente contempla, sin pensar, deja que el arte te inunde de sensaciones.

¿Cómo?

A partir de este momento, hay que dejarse llevar, relajarse y empezar a disfrutar de todo lo que nos ofrece el museo. No hay que olvidar que lo más importante de tu visita es la sensación de descubrimiento y sorpresa que te suscita, el desarrollo de las emociones y las ganas de aprender.

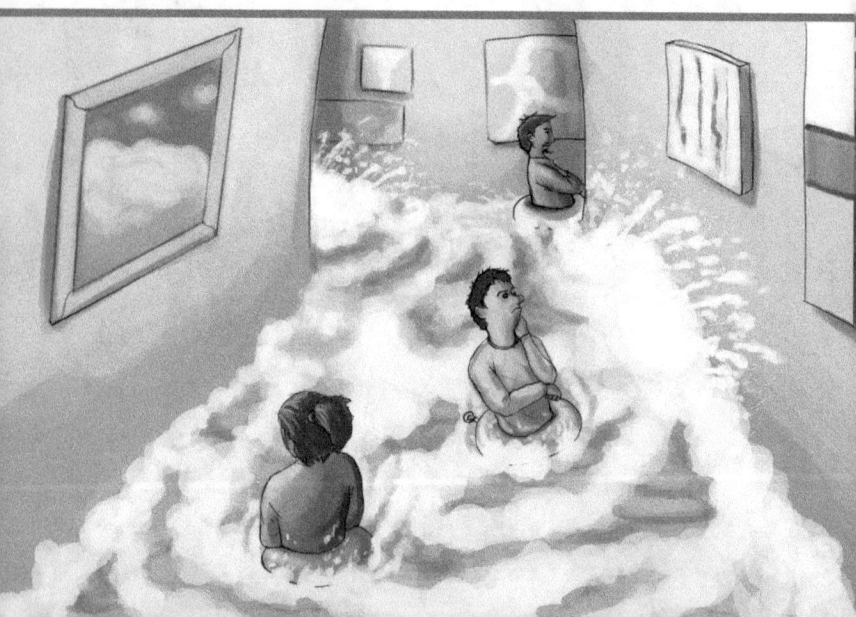

Descubre por ti mismo lo que te deparará cada sala. La experiencia de ir investigando a medida que realizas el recorrido es del todo recomendable, ver qué sale a tu encuentro, pues tienes que ver el museo como un espacio de desarrollo de las emociones, sentimientos e ideas.

Las piezas expuestas, la museografía,… hacen un llamamiento directo a tus sentimientos y tus sentidos. Explota estas sensaciones, las que te pueden causar la luz tenue de las salas, el silencio de los espacios con el eco de tus pasos, la propia arquitectura del museo, la historia que cuenta cada uno de los objetos expuestos, sus formas y colores, etc. **(ver capítulo «Vivir el museo»)**.

Además, te animamos a introducirte en este ambiente siempre con la mente despierta y con ganas de adquirir nuevos conocimientos. Curiosea, aprovecha la información que se te ofrece en cartelas y paneles, manipula los recursos interactivos que estén a tu alcance, observa con detenimiento vitrinas y expositores, reflexiona sobre todo lo que te rodea,…

Si no planificaste la visita y la terminaste con la sensación de que no percibiste lo que te hubiese gustado, siempre tendrás la oportunidad de informarte o ampliar tus conocimientos a través de la adquisición del catálogo, de la visita a una biblioteca especializada, visitando la página web del museo, o sencillamente volviendo.

12. ENFRENTARSE A LA EXPOSICIÓN (I): EL DISFRUTE INTELECTUAL

¿Por qué?

Según el Consejo Internacional de Museos (ICOM), el museo no tiene solo una vertiente educativa sino también una función recreativa. Esto significa que el museo es un lugar de disfrute intelectual y sensorial o, si se quiere, de placer estético.

Centrándonos en lo que al disfrute intelectual se refiere, hay que tener presente que el museo se erige como un templo del saber, y como tal es el lugar idóneo para desarrollar nuestras capacidades intelectuales. De este modo, se te presenta la oportunidad de desarrollar tu mente mediante la interacción con otros objetos y espacios, complementando y enriqueciendo otro tipo de actividades como puede ser la lectura. Por tanto, para saber disfrutar de la experiencia, hay que entender y conocer lo que estás viviendo en tu visita al museo.

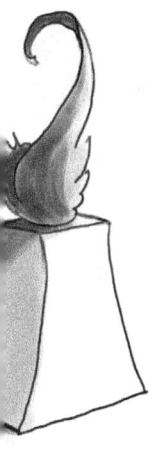

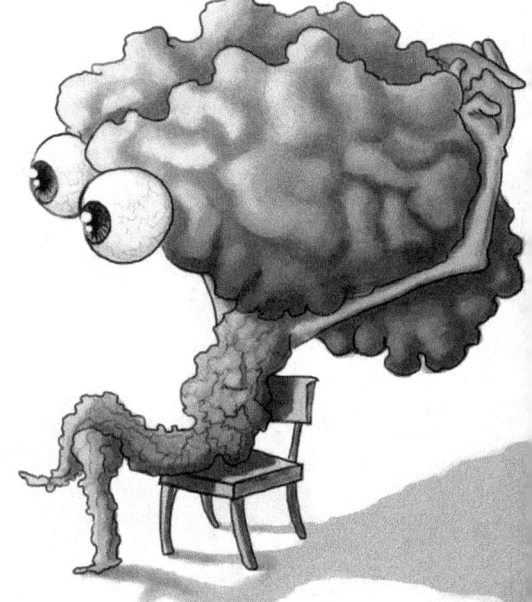

¿Cómo?

Para que puedas disfrutar, apreciar y valorar lo que ves, es muy recomendable que tengas un conocimiento previo, ya que se trata de re-conocer (volver a conocer), de re-memorar (volver a recordar lo que ya conoces) y de recrearte en lo que ves.

Nuestra recomendación es que empieces a informarte desde el nivel más básico posible, a través de la página web del museo, los trípticos informativos o las guías breves; y conforme vaya aumentando tu interés, recurras a textos más especializados como catálogos de obras, manuales, biografías, monografías o ensayos. Esto te permitirá disponer, en un primer momento, de una panorámica general sobre cómo se formó la colección (si es de origen privado o público), cómo se encuentra organizada (por cronología, por temática, por materiales, por autores, por origen, etc.), qué número de piezas contiene, quiénes son sus creadores, cuál es la calidad de las mismas, etc. **(ver consejos nº 5 y 6)**.

Si por ejemplo realizas una visita a un museo de pintura, es muy recomendable que tengas unas ciertas nociones de: historia, mitología, religión, filosofía y algo de estética **(ver consejo nº 13)**.

Es muy útil situar históricamente las obras, conocer a los personajes históricos, religiosos o mitológicos que allí aparecen representados y saber qué ideas filosóficas manejaban los pintores que realizaron sus obras. Así, si nos encontramos frente a una obra que nos muestra a una mujer cortándole el pelo a un hombre dormido, nos será mucho más fácil de entender si sabemos que se trata de la historia de Sansón y Dalila.

13. ENFRENTARSE A LA EXPOSICIÓN (II): EL DISFRUTE SENSORIAL

¿Por qué?

El museo es lugar de disfrute sensorial, o siendo más precisos, de disfrute multisensorial. Se trata de un goce que tradicionalmente se ha asociado con los museos de arte, pero no exclusivamente ya que, aunque es cierto que la vista es para la mayoría de las personas el sentido más completo, no podemos olvidarnos de los otros cuatro: oído, tacto, gusto y olfato. Ni tampoco debemos pasar por alto a aquellas personas que presentan alguna discapacidad y que viven el museo con ciertas limitaciones.

Aunque, como dijimos anteriormente, el disfrute visual no es exclusivo de los museos de arte, lo que se conoce como placer estético está íntimamente relacionado con esta tipología de museos. Por eso, te ofrecemos, sin ser exhaustivos, algunos consejos para disfrutar y comprender qué razones pueden producir esos estímulos visuales.

¿Cómo?

La primera percepción de las piezas que están en la exposición del museo es a través del sentido de la vista. Nos fijamos en las características plásticas del objeto, percibimos su belleza, y experimentamos sensaciones que se acercan a lo sublime y lo pintoresco.

El primer consejo es que te fijes en las características plásticas del objeto expuesto, ya que es uno de los elementos clave del disfrute de los sentidos: el color, la forma, la calidad de los materiales o la combinación de los mismos puede provocar en cada individuo distintas reacciones. Si no te resulta indiferente es que has logrado conectar de alguna manera con el objeto porque reconoces en el mismo unas formas que imitan la naturaleza, formas abstractas, colores que no se corresponden con la realidad, una representación de escenas muy transgresoras o muy novedosas, composiciones perfectamente ejecutadas, juegos ópticos, etc.

El siguiente consejo es que reflexiones sobre si consideras que el objeto que se muestra ante tus ojos es bello. La percepción de la belleza es subjetiva (depende de cada sujeto), pero también cultural e histórica y, por tanto, lo que se ha entendido por bello hace un siglo, puede no considerarse como tal en la actualidad. En cualquier caso, por darte algunas pistas, la contemplación de obras de arte que reflejan el concepto de belleza más clásico, es decir, aquel basado en el orden, la simetría, la armonía o la mímesis (imitación de la naturaleza) suelen tener una mayor aceptación por parte del público y, más aún, aquellas obras que presentan un gran realismo. De todas formas, como te indicamos al principio, te corresponde a ti valorar si se trata de un objeto bello o no.

Por último, si no reconoces en un objeto determinado las cualidades de lo bello que te hemos sugerido anteriormente, puede que sí percibas otras sensaciones diferentes. Aquí te ofrecemos dos categorías que pueden ser de utilidad para comprender ciertas obras de arte: lo sublime y lo pintoresco. Los conceptos de sublime y pintoresco están muy relacionados con el arte del Romanticismo de los siglos XVIII y XIX. Si, por ejemplo, observas un paisaje grandioso o una tempestad con la mar embravecida, estás ante un típico ejemplo de la representación de lo sublime. Si, por ejemplo, contemplas una escena muy singular, novedosa y original, puedes asimilar esa sensación a lo pintoresco. Nuestro consejo no es tanto que conozcas el léxico que se maneja en la historia del arte, que también es recomendable, sino que reflexiones sobre las sensaciones que te producen las obras que estás viendo para que logres un mayor disfrute de la experiencia.

Por otro lado, tienes que saber que cuando asistes a un museo no solo usas la vista sino que usas otros sentidos (oído, tacto, gusto y olfato) de los que es preciso ser consciente, ya que el disfrute también depende de estos factores. Más que una recomendación o consejo, te ofrecemos algunas claves sobre cómo pueden afectar el resto de sentidos en la apreciación de las obras

El oído es el sentido menos presente en los museos, junto con el olfato, debido a su carácter inmaterial, pero esto no significa que no sea importante y que no tenga una incidencia directa en el disfrute de las obras. No todos los museos son lugares silenciosos, es más, aquellos que reciben una gran afluencia de público pueden llegar a ser bastante ruidosos y molestos, lo cual llega incluso a dificultar la contemplación de las obras. En el otro extremo, están aquellos museos que fomentan un cierto ambiente de recogimiento, como es el caso de los museos que se encuentran el interior de las iglesias y, por supuesto, aquellos museos que prácticamente no se visitan. Sin embargo, también existen museos que buscan generar un ambiente específico mediante grabaciones de audio, como un recurso didáctico más; este es el caso del Museo de Badalona, en el que entre los restos musealizados de la Baetulo romana se emiten efectos sonoros que buscan recrear el ambiente de la ciudad en época romana, con el fin de que el visitante entienda mejor la vida en el pasado.

El cuanto al tacto, ten cuenta que en muchos museos está prohibido tocar las piezas por motivos de conservación y en ese caso está totalmente justificado. Sin embargo, algunos museos, como es el caso de los de ciencias, sí permiten una mayor interacción con los elementos expositivos. Así es frecuente encontrar botones, palancas y piezas móviles que manipular en estos sitios.

El gusto y el olfato son dos sentidos que están íntimamente ligados a los museos de alimentación como, por ejemplo, museos del pan, museos del vino, del agua, del café, etc. En estos casos sí está presente el sentido del gusto y en menor medida el del olfato, cuando se pretende potenciar diferentes sabores o aromas. En otros museos solo es posible estimular estos sentidos cuando se visitan las cafeterías, que pueden parecer un elemento menor, pero que no falta en ningún museo.

Sin embargo, existen museos (o centros de interpretación) que lo que buscan precisamente es potenciar todos los sentidos a la vez, y no solo la vista. Este es el caso de Historium (Bélgica), que a lo largo de sus siete salas recrea la vida en la Brujas medieval mediante proyecciones de audiovisuales acompañadas de efectos que buscan estimular otros sentidos: creación de corrientes de aire, emisión de olores,

14. EL MUSEO SIN PRISAS: ¿VER O CONTEMPLAR?

¿Por qué?

A menudo visitar un museo se convierte en una experiencia estresante, ya sea por las colas que se forman para comprar la entrada o porque queremos ver toda la colección en un par de horas. Sin embargo, como dice el refrán popular: «las prisas son malas consejeras». Significa que para ir a un museo es necesario tomárselo con calma y, en la medida de lo posible, no ir corriendo de una sala a otra para tratar de verlo todo.

Esto puede ocurrir porque en el museo se produce la ilusión de que con el simple hecho de recorrer las salas ya se ha visto todo el museo. Sin embargo, esto no es así, porque al final acaban fatigándose el cuerpo y la mente. Por eso, nuestra primera recomendación al respecto consiste en no recorrer los espacios del museo como se recorren los pasillos del suburbano, ya que de lo contrario no veremos las piezas y, lo que es más importante, tampoco las contemplaremos.

¿Cómo?

El simple hecho de verlas no garantiza ni que se aprenda de ellas ni que se disfruten, pero lo importante es saber diferenciar si se están viendo las obras o si se están contemplando. Y aquí es donde te proponemos una técnica: si estás delante de la obra y mentalmente la estás describiendo es que la estás contemplando, mientras que si solo te limitas a leer una cartela explicativa y a deambular por las salas, entonces solo estarás viendo las obras, lo que equivale a olvidarlas o a retener muy poca información sobre ellas.

No obstante, con esta técnica de la descripción, es posible sacar más provecho a la visita y disfrutar, porque le estaremos asignando nombres a las cosas. Por ejemplo, si nos encontramos visitando un museo de ciencias naturales, como el Natural History de Londres, y ante nuestra vista se muestra un ejemplar de una ave disecada, aprenderemos mucho más si durante uno o dos minutos describimos mentalmente aquello que vemos, porque de esa forma descubriremos muchísimos más detalles que anteriormente y podremos diferenciarla de otras aves.

Lo mismo ocurre con respecto a un museo de arte, como puede ser la Alte Nationalgalerie de Berlín; si estamos contemplando una pintura de Caspar David Friedrich (como Monje a la orilla del mar), no es lo mismo pasear los ojos por el cuadro sin fijar la mirada que describir minuciosamente todo lo que se ve. Es la diferencia que existe entre ver un árbol o ver un naranjo que ha dado sus frutos, y de lo cual deducimos que la escena se desarrolla en un lugar de clima templado. Al ver un retrato, la situación es la misma, podemos ver a una persona o podemos ver el rostro de un escritor del siglo XIX con un nombre determinado y que escribió unos libros que pudieron haber cambiado la historia de la humanidad.

Si vas acompañado al museo, la técnica de la descripción es todavía más efectiva, ya que el simple hecho de enunciar en voz alta la descripción hace que el conocimiento se fije mucho más en nuestra mente y, además, la persona que nos acompaña puede advertir detalles ocultos que no habíamos detectado.

Pero si de verdad quieres que esta técnica sea muchísimo más efectiva todavía, se pueden realizar dos ejercicios más: el primero consistiría en poner por escrito lo que se muestran ante nuestros ojos y, el segundo, en dibujarlo. No es nada descabellado ni ridículo, los estudiantes de diseño de Londres acuden frecuentemente al Victoria and Albert Museum a dibujar piezas de forja, tallas, o vidrios para aprender más. No se limitan a mirar sino que tratan de dibujarlo.

Por otra parte, no puede pasar desapercibido que para disponer del suficiente tiempo para describir las obras es casi imprescindible sacrificar la observación de otras obras. Es mejor asumir esto: los museos no se pueden ver de una sola vez, exceptuando aquellos que poseen una colección muy pequeña o de escasa relevancia. Por lo tanto, aunque en el apartado referido a la planificación del museo ya sugerimos una selección previa de obras, volvemos a indicarlo ahora añadiendo que, para evitar este problema, una vez que te encuentres en el museo te hagas con un plano y delimites claramente qué salas no vas a ver o, por lo menos, en cuáles no te vas a detener durante demasiado tiempo **(ver consejo nº 7)**.

15. EL DISCURSO EXPOSITIVO Y LA MUSEOGRA-FÍA: DEL DETALLE AL CONJUNTO

¿Por qué?

Un objeto es la suma de todas sus partes y unos objetos remiten a otros, están relacionados entre sí. En el consejo anterior te propusimos seguir una técnica que podía ayudar a contemplar las obras en lugar de solo verlas. Ahora, la idea es ir un paso más allá y ver cómo están ordenadas las piezas para descubrir cuál es el discurso expositivo.

La mayoría de los museos están concebidos como si fueran libros y las salas como capítulos de ese libro. Si nos limitamos a observar los objetos que se exponen sin relacionarnos entre sí, es probable que no se llegue a comprender el discurso expositivo. Pero, ¿esto no entra en contradicción con la propuesta anterior de reducir el número de obras o salas que se van a recorrer? En absoluto, la recomendación es, siguiendo la metáfora propuesta, no leer todas las novelas al mismo tiempo.

¿Cómo?

Vayamos al British Museum, ejemplo paradigmático de gran museo, para tratar de comprender esta idea. Allí se encuentran organizadas de una forma determinada un gran número de piezas, en concreto, el orden es geográfico y cronológico, es decir, está organizado por culturas de diferentes continentes y a su vez desde lo más antiguo a lo más moderno. Pues bien, la idea es que solo «leamos» la historia de una o dos culturas como máximo. Se puede hacer un recorrido breve para disponer de una idea general de lo que se encuentra en ese museo, pero posteriormente, es altamente recomendable limitar el número de salas que recorrer.

Ahora bien, introduzcamos un nuevo elemento del que todavía no hemos hablado en profundidad: el discurso expositivo. Si entendemos el museo como un lugar con una colección de piezas ordenadas de una forma específica, es preciso advertir también que esa ordenación está realizada por personas (los conservadores del museo) y aunque lo hacen siguiendo criterios científicos, también es cierto que no existe una única forma de ordenar la colección y de presentarla.

En cuanto a la ordenación, existen una gran cantidad de opciones que es preciso tener en cuenta. En el caso del Museo Nacional del Prado, por ejemplo, uno de los mayores problemas que ha tenido que afrontar este museo es precisamente la disposición de los diferentes cuadros de una forma coherente. Esto significa que la colección podría estar continuamente reordenándose siguiendo diferentes criterios: podría ser una categorización por escuelas de pintura, por autores, por cronología, etc., pero lo importante es detectar cuál se ha seguido.

En el caso de una exposición temporal es la figura del comisario (también llamado curador en Latinoamérica o curator en los países de habla inglesa) quien se encarga de elaborar el discurso expositivo. En el museo pueden desempeñar esta función los conservadores o el propio director. En cualquiera de las dos opciones existe una idea detrás de la colocación de las piezas y es así como debemos entender el museo.

De hecho, podemos aplicar la técnica de la descripción propuesta en el capítulo anterior pero no centrándola en una pieza concreta sino en todas las de una sala o incluso en todas las del museo. Así, veremos que unas piezas se relacionan con otras y que es de esta manera como se va construyendo el discurso, o lo que es lo mismo, como se nos está contando la historia.

Sin embargo, es preciso introducir un nuevo elemento para entender mejor el discurso expositivo: la museografía. La museografía se refiere a todos aquellos componentes que, no siendo la pieza, ayudan a mostrarla y conservarla adecuadamente. Se trata por tanto de las vitrinas, soportes, cartelas, paneles explicativos, pantallas táctiles, luminarias, etc.

Los museos de arqueología, por ejemplo, recurren a estos elementos para facilitar la lectura visual de unas piezas que lo requieren en la mayoría de los casos, por lo cual nos encontramos con grandes montajes museográficos, como es el caso del Museo Arqueológico de Alicante (MARQ).

Otro ejemplo de la misma temática y que explica la gran utilidad de la museografía es el Museo Arqueológico de Córdoba, y más concretamente las salas de exposición que muestran in situ los restos arqueológicos del teatro romano de la ciudad romana de Corduba, donde vemos cómo los recursos museográficos disponibles facilitan su lectura visual, a la vez que aumentan la estética del monumento en cuestión.

Puede que parezcan elementos menores, pero sin duda no lo son, porque influyen en la forma en que percibimos los objetos. Por ejemplo, la Victoria de Samotracia, una escultura griega de época helenística que se encuentra expuesta en el Musée du Louvre de París, está colocada en lo alto de una escalinata y en un espacio con iluminación cenital. Se trata de un montaje muy teatral y efectista que logra captar la atención del visitante de forma muy significativa. Seguramente la impresión que causa en el público no sería la misma si esta obra estuviera colocada en un espacio sombrío y a ras de suelo.

En conclusión, el montaje de la obra que usa los elementos museográficos sabiamente puede dar lugar a diferentes interpretaciones, y es preciso advertir que esto sucede si queremos tener constancia de cómo actúa el montaje en la percepción de la obra.

16. EL MUSEO Y SU ENTORNO: LA OBRA Y SU CONTEXTO

¿Por qué?

Este consejo es la continuación natural del que propusimos antes y se refiere a la necesidad de darnos cuenta de una obviedad que normalmente pasa desapercibida: las piezas de un museo se encuentran en el interior de un museo. Esto es lo mismo que afirmar que la mayoría de estas piezas se encuentran fuera de su contexto original, es decir, no están en el lugar en que fueron creadas ni en la época en que fueron creadas. Una escultura destinada a ocupar un lugar en el foro de una ciudad romana, un cuadro enmarcado en el retablo de una iglesia, incluso una cerradura de una puerta antigua o una ave disecada, no se encuentran en su contexto original.

Este problema ha sido motivo de discusión académica desde la propia formación del museo moderno, en torno al siglo XVIII. Fue Quatremère de Quincy, un arqueólogo y arquitecto francés de época napoleónica, quien inició un debate en torno al museo como lugar de descontextualización de piezas artísticas. Se manifestó en contra de las expoliaciones patrimoniales que llevó a cabo Napoleón cuando invadió Italia, y escribió un libro llamado Cartas a Miranda para denunciar estas malas prácticas.

La idea de Quincy era favorecer la contemplación de las obras en el lugar en el que fueron concebidas para que no perdieran su significado y su relación con el entorno. Una idea que, posteriormente, fue retomada por los representantes de la llamada Nueva Museología, una corriente de pensamiento también de origen francés que en la década de los años setenta del siglo XX introdujo el concepto de ecomuseo con similares pretensiones.

Por tanto, es preciso darnos cuenta de que, cuando asistimos a un museo, en ningún caso vemos las piezas en su contexto original, ya que ninguna de ellas fue concebida para estar situada dentro de una vitrina. Algunas sí fueron realizadas para estar dentro de un museo, pero puede que estén a miles de kilómetros del lugar en que se realizaron, más aún cuando la venta de piezas artísticas constituye un negocio extremadamente rentable y el traspaso de unos propietarios a otros está a la orden del día.

¿Cómo?

No es casualidad que las mayores riquezas del país se encuentren en estas avenidas: desde Atocha hasta la Torre Picasso, pasando por los tres emblemáticos museos de Madrid (el Museo Thyssen-Bornemisza, el Museo Nacional del Prado y el Museo Nacional Centro de Arte Reina Sofía); pero en donde también se ubican el Museo de Ciencias Naturales, la Biblioteca Nacional, el Museo Arqueológico Nacional, la Fundación Mapfre, el Museo Naval, el Museo Nacional de Artes Decorativas, el Museo Nacional de Antropología o el CaixaForum, entre otras instituciones, como Casa de América, que se conforman en torno a este eje. De hecho, la pregunta que deberíamos hacernos sería: ¿valoraríamos las piezas que contiene ese museo si se encontrara en una zona deprimida económicamente de Madrid? O, dicho de otra manera, ¿influye el entorno en la valoración de esas obras de arte? La respuesta contundente es sí, y el mejor ejemplo para ello, sin desviarnos del citado eje madrileño, sería la continuación desde Atocha hasta Legazpi, donde se encuentran lugares cuyo programa cultural goza de calidad y gran acogida de público, como son el centro social y cultural la Casa Encendida y el Centro de Creación Contemporánea Matadero, así como otros centros y entidades cuyas actividades se enfocan a la cultura en general.

Sucede exactamente lo mismo con respecto al edificio que cobija las piezas. Este desempeña un papel esencial en la apreciación de las obras, ya sea por sus propias características arquitectónicas, su tipología o por su estilo. Del mismo modo, puede contribuir a explicar mejor la obra, pero puede también confundir al usuario del museo si su concepción es errónea.

La arquitectura puede ser resultado de un proyecto preconcebido para albergar una colección concreta, como el proyectado por el arquitecto Juan de Villanueva, una propuesta de edificio durante el siglo XVIII, pensado por Carlos III como Real Gabinete de las Artes y las Ciencias, y que acabaría siendo el Museo Nacional del Prado; o bien, el edificio proyectado por el arquitecto Frank O. Gehry para el Museo Guggenheim de Bilbao destinado al arte contemporáneo y actual. Pero, ¿debe un museo de arte contemporáneo estar emplazado en un edificio moderno? En realidad no existe una respuesta correcta o incorrecta y depende mucho de las características de cada museo. El Museo Nacional Centro de Arte Reina Sofía está emplazado en el antiguo Hospital de San Carlos, un edificio del siglo XVIII construido por el arquitecto italiano Sabatini, y se trata de un museo que alberga colecciones de arte contemporáneo. Sin embargo, el Museo de Arte Romano de Mérida se encuentra en un edificio moderno pero que está construido siguiendo los patrones de la arquitectura romana tradicional.

Por tanto, las respuestas siempre serán abiertas, pero lo que realmente importa es que nos planteemos estas preguntas y pensemos si influye la arquitectura en la contemplación, entendimiento y disfrute de las piezas. Incluso, si puede representar un obstáculo para que esto suceda, ya que es posible que el museo sea inaccesible para personas con discapacidad, o que no disponga de lugares de reposo, o que, por ejemplo, su iluminación resulte totalmente inadecuada.

ÚLTIMOS PASOS

SIN SALIR DEL MUSEO… ▬▬▬▬▬▬▬▬▬
17. TU OPINIÓN: EL VALOR DE TU EXPERIENCIA

¿Por qué?

Desde nuestro punto de vista, siempre resulta reconfortante que te den la oportunidad de expresar tu opinión sobre las cosas que haces o consumes. Si el museo que visitas te brinda la ocasión, aprovéchala y refleja tus impresiones sobre todos los aspectos y servicios que para ti son importantes. Se trata de una estrategia que utilizan los museos para saber la opinión de sus visitantes y así plantearse la mejora de ciertos servicios y potenciar aquellos que funcionan bien, así como para conocer en qué se fijan los visitantes y qué aspectos son relevantes para una visita satisfactoria.

La clave de esta iniciativa personal es que aportes tu grano de arena a la consecución de la calidad que buscan los museos para sus visitantes, e igualmente puedas ayudar a otros visitantes a que aprovechen su experiencia y resulte más satisfactoria. Además, te sentirás relajado tras haber expresado tus opiniones y sensaciones, sin guardarte frustraciones o ilusiones para ti mismo. Siempre andamos quejándonos de las malas experiencias que tenemos a veces en algunos lugares o servicios; aunque creas que es obvio, muchas veces no se dan cuenta o no consideran importantes determinados aspectos que para el visitante sí lo son.

Permite a los responsables saber lo que piensas y tus recomendaciones al respecto —de manera anónima si lo deseas, por supuesto— y con ello contribuirás a que el servicio pueda prosperar. Y lo mismo con respecto a las experiencias positivas: hazles saber qué están haciendo bien para que sigan de igual manera y lo potencien aún más, no vaya a ser que se les ocurra cambiarlo o abandonar un poco el servicio.

No te dejes enredar por esa mentalidad colectiva obsoleta de que nuestras opiniones no llegan a ningún sitio, y que no merece la pena tomarse la molestia de hacerlo por escrito; cada vez se les presta más atención a las quejas y sugerencias de los visitantes de museos. Así pues, ¡anímate y refleja tu opinión tras la visita!

¿Cómo?

En algunos casos, existe la figura del entrevistador, que suele ser un profesional joven situado a la salida del museo; fíjate bien: si no lleva indumentaria o placa identificativa, lo verás con una carpeta y un bolígrafo, tomando nota, entrevistando a alguien, o buscando con la mirada la salida de los visitantes.

En caso de no haber entrevistador, es posible que el museo disponga de un buzón de quejas y sugerencias (en versiones más modernas tal vez te encuentres con una pantalla táctil); este también es buen lugar para apuntar en un papel la opinión que quieras reflejar y depositarla; te aseguramos que esto llega debidamente a los departamentos de calidad y a la dirección del museo. En el caso de que no encuentres ni al entrevistador ni el formulario de opinión, pregunta al personal y posiblemente te den la información.

Muchas veces te encontrarás con la situación de que no existe este servicio físico en el museo, pero siempre contamos con el recurso online, es decir, de entrar en la página web del museo y buscar el apartado de «sugerencias» o de «contacta con el museo».

Esta es también una vía muy fiable para que uno, tranquilamente en la cafetería del museo, desde su móvil, tableta, portátil o desde casa, pueda expresar sus sensaciones, experiencias y opiniones; el Museu d'Art Contemporani de Barcelona (MACBA), por ejemplo, cuenta con un formulario de encuesta de valoración desde su web.

Si no tienes este recurso personal, no olvides que muchos museos (sobre todo los grandes) disponen de espacios interactivos con ordenadores o pantallas táctiles para acceder directamente a la web del museo, situados cerca de la entrada o la salida. Además, en el caso de que no dispongas de tarifa de datos en tu móvil, infórmate de si existe wifi gratuito en el museo, cada vez es más común. Si estás esperando a alguien que está en la tienda, en el baño o que aún no ha terminado su visita, ¡aprovecha ese tiempo muerto y deja huella de tu paso por el museo!

Las redes sociales también son una herramienta muy útil en estos casos, sobre todo si deseas una interacción rápida con el museo y compartir experiencias con otros usuarios. La gran mayoría de los museos disponen de una página de Facebook y de una cuenta de Twitter; búscalos y ¡adelante! Ellos están encantados de que la gente los visite y escriba. Ojo: utiliza siempre un lenguaje respetuoso, por muy indignante que sea tu queja o muy excitante tu experiencia positiva. Son, además, un recurso muy válido durante la visita, puesto que puedes obtener respuestas rápidas e interacciones en línea con el museo y otros visitantes.

Incluso una vez en casa, puedes buscar foros relacionados con el museo que has visitado y dejar constancia de tu experiencia durante la visita que has realizado. Piensa que, al igual que cuando quieres reservar un hotel las opiniones online te resultan muy útiles para tomar tu decisión o para seguir recomendaciones, esto también tiene validez en el ámbito de los museos. Es como una cadena de favores en la red; todos y cada uno nos beneficiamos de las experiencias y opiniones de los demás; tú también puedes aportar.

18. OTRAS ACTIVIDADES: AUMENTA TU EXPERIENCIA

¿Por qué?

Habitualmente acudimos a los museos sin conocer qué actividades se organizan en torno a las colecciones que albergan. Pues bien, si has visto alguna exposición temporal, una sección de la colección permanente, o una pieza o temática que te ha llamado la atención especialmente, siempre puedes informarte presencialmente, tras finalizar tu visita, sobre qué actividades se están organizando en torno a ellas. Es una estupenda opción irte a casa con una información más amplia sobre lo que te ofrece el museo al respecto de lo que has visto, y así poder planificar próximas visitas para participar en las actividades que te parezcan interesantes.

Asistir a coloquios o charlas sobre una exposición temporal del momento, participar en unas jornadas o conferencias sobre un tema en concreto o una parte de la colección del museo, realizar visitas guiadas, acudir a encuentros con especialistas o comisarios (profesionales que organizan las exposiciones), disfrutar de talleres didácticos o de actividades para niños y adolescentes, etc., son algunas de las iniciativas que el museo organiza para ti, para todo el público.

No se te va a exigir ningún nivel de conocimiento previo para acceder a ellas y tú decidirás en cada momento si prefieres actuar como espectador pasivo o activo. Simplemente, disfruta con aquello que te gusta o interesa del museo de una manera más plena y proactiva, aprovechando estos recursos que están a tu disposición. La mayor parte de ellos son gratuitos o tienen un precio reducido. No te quedes con las ganas de saber más o de disfrutar de aquello que te ha llamado la atención, así que ¡apúntante!

Es una buena oportunidad de complementar nuestra formación académica, de profundizar en nuestros conocimientos, de conocer las diferentes perspectivas de los profesionales que rodean los museos, y finalmente de disfrutar más plenamente de la experiencia museística y sacar mayor partido a la visita.

¿Cómo?

En los puntos de información, áreas de interpretación, carteles o folletos puedes encontrar información impresa sobre estas actividades durante tu visita al museo. Asimismo, siempre puedes preguntar al personal del centro si existen actividades relacionadas con aquello que te interesa y que te gustaría saber, sean informadores, vigilantes de sala, guías del museo, incluso, en casos excepcionales, al propio comisario y otros profesionales e investigadores. No olvides consultar también los recursos electrónicos que con frecuencia ponen a tu disposición: las pantallas interactivas.

Ten en cuenta que, tanto este material impreso o electrónico como el personal de atención al visitante del museo, son recursos diseñados para ti, así que no lo dudes y utilízalos. Si realmente has intentado hacer uso de ellos y no has obtenido un servicio satisfactorio o no has encontrado actividades que resulten de tu interés, vuelve al punto anterior: «tu opinión: el valor de tu experiencia».

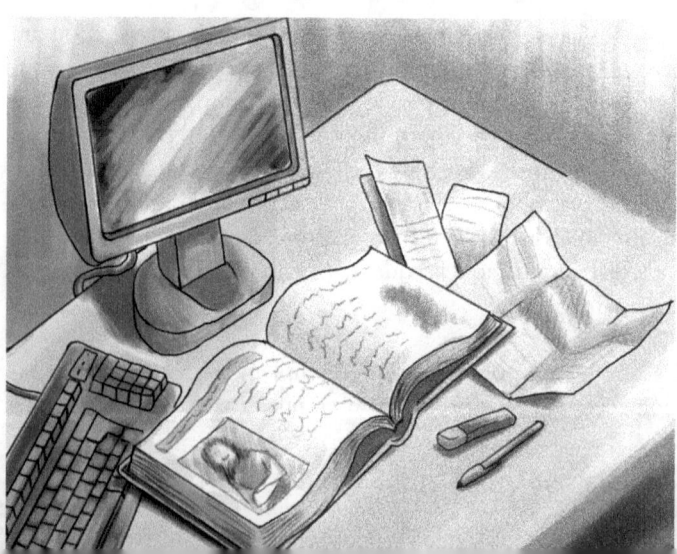

19. LA TIENDA Y LA LIBRERÍA: EL MUSEO EN CASA

¿Por qué?

Tras la visita al museo, antes de abandonarlo, apetece dar una vuelta por la tienda y echar un vistazo, ¿verdad? Además de ser un momento de relajación, es la ocasión perfecta para materializar los conocimientos o experiencias que has obtenido de la visita y, por supuesto, para ampliar información sobre lo que has visto y seguir disfrutando de ello en casa.

Además, todos sabemos que es una oportunidad para llevar algún detalle o regalo a alguien especial de quien te has acordado en el museo. Piensa que se trata de objetos exclusivos que no encontrarás en ningún otro lugar (al menos, en su versión original), a no ser que el museo disponga de un tienda *online* o de otras sedes.

En algunos casos, las tiendas cuentan con una cuidada sección editorial o incluso algunos museos tienen librerías especializadas independientes de las tiendas de recuerdos. Si eres estudiante, profesional, entendido o aficionado, aprovecha la ocasión, al menos de informarte de qué material bibliográfico disponen. Si has acudido a una exposición temporal que te interesa, es el momento de adquirir el catálogo de la misma.

Una exposición temporal sobre una temática concreta conlleva la elaboración de un catálogo al respecto por parte del comisario y de los investigadores, así como una búsqueda y selección exhaustivas de bibliografía relacionada por parte del comisario y de los profesionales del museo.

Por tanto, es un material con un contenido de gran valor. Además, algunos museos disponen de librerías especializadas en la temática de la colección, por lo que a veces resultan ser verdaderos depósitos bibliográficos de carácter internacional. Incluso en los grandes museos te ofrecen la oportunidad de solicitar libros por encargo, que no se han editado en castellano y tienen que traerlos del país de origen.

Por otro lado, las tiendas de los museos son el lugar perfecto para adquirir reproducciones (como en el Victoria and Albert Museum), láminas o lienzos de aquellas obras que tanto te gustan (como en los Museos Vaticanos), reproducciones arqueológicas (como en la tienda del Museo Arqueológico Nacional), e incluso puzzles (como en el Museo Thyssen-Bornemisza). Es una garantía de calidad y te proporciona la seguridad de estar adquiriendo un producto oficial.

¿Cómo?

No se trata de comprar por comprar, dejándote llevar por la inerte necesidad de llevarte cualquier cosa del lugar; siempre serán más gratificantes los valores intangibles que has obtenido del museo (conocimientos, experiencias, recuerdos). Adquiere artículos que realmente te interesen o que creas que le pueden hacer ilusión o resultarle de utilidad a esa persona a quien deseas regalar.

Si tienes un bajo presupuesto, siempre existen artículos económicos para ti y que sirven como recuerdo de tu visita: postales, llaveros, imanes, lápices y bolígrafos, pósters de obras de arte, todos con el logo del museo.

No obstante, los artículos más interesantes suelen ser los libros y catálogos especializados que podrás encontrar en la sección editorial o en la propia librería, que aunque supongan un mayor esfuerzo monetario, gozan de mayor autenticidad y adquieren mayor valor con el paso del tiempo.

Por otra parte, te recomendamos seleccionar bien el material, puesto que un museo es un lugar único y a veces no es fácil acudir de nuevo a cambiar un artículo adquirido, sobre todo si se trata de un catálogo que crees que le interesa a un familiar o amigo, una prenda de vestir o algún artículo de cierto valor económico (*merchandising* de joyería, lienzos impresos, etc.).

Si no estás seguro, siempre puedes visitar la tienda de la página web del museo y comprar desde allí (eso sí, con más que probables gastos de envío).
También podrás encontrar ofertas de precios en determinados productos, como por ejemplo catálogos y otros materiales de exposiciones pasadas que suelen estar a un precio muy rebajado. Aprovecha tu visita a la tienda, y dedica tiempo para inspeccionarla a fondo.

Así pues, intenta programar tu tiempo para darte al menos media hora para entrar en la tienda tras la visita; curiosear por ella puede resultar otra experiencia enriquecedora, o al menos entretenida. Pero, eso sí, ten en cuenta que muchas cierran media hora antes que el museo, así que no esperes hasta el último minuto antes del cierre, ya que es probable que te la encuentres cerrada. Lo dicho: ve a la tienda y ¡a disfrutar!

AL SALIR DEL MUSEO...
20. AMPLIAR INFORMACIÓN:
EL APRENDIZAJE CONTINÚA

¿Por qué?

La visita al museo te aporta nuevos conocimientos, a la vez que te enriquece a nivel personal. Si bien, tu apreciación sobre lo que has visto en el museo es superficial, ya que el objetivo de una exposición es ofrecerte un enfoque y aportarte varias ideas generales, además de abrirte una nueva puerta hacia otras posibilidades culturales.

Una exposición de un museo es un ejercicio de síntesis, capaz de reunir y ofrecer una visión de conjunto acerca de un tema concreto, pero a la vez está limitada a un nivel básico de información, pues sería imposible exponer todos los conocimientos que existen al respecto. Es frecuente que durante la visita la exposición hayas fijado tu atención en algún objeto, obra de arte o monumento en concreto, del cual has percibido pinceladas que no terminan de saciar tu curiosidad.

La búsqueda de la información es la búsqueda de la verdad, ver qué se esconde detrás de un esa vasija, los entresijos que tejieron esa obra de arte, las personas que hicieron posible la construcción de tan magno edificio, o las vicisitudes históricas que por entonces ocurrieron y que decidieron el destino de ese objeto que se custodia en la vitrina.

Buscar y ampliar la información te da esa necesidad vital de la búsqueda del conocimiento, resultado de la curiosidad humana, que te invita a viajar por nuevos horizontes en los que más te adentrarás cuanto más indagues.

¿Cómo?

Varias son las fuentes de información a las que puedes acceder para ampliar tus conocimientos: libros, música, documentales, películas, fotografías, juegos,... entre otros.

Normalmente, es el propio museo quien oferta en su tienda libros y otros productos relacionados con la exposición **(ver consejo nº 19)**.

Asimismo, encontrarás en su biblioteca todo lo que necesites para seguir investigando el tema que más te haya interesado. También puedes acceder en Internet a buscadores generales de fuentes bibliográficas, como Dialnet o Amazon, así como grandes fondos de otras instituciones como la Biblioteca Nacional de España, bibliotecas universitarias, e incluso las bibliotecas públicas más cercanas.

Además, las instituciones museísticas pueden poner a nuestra disposición publicaciones, como por ejemplo las del Museo Arqueológico Nacional, las publicaciones del Museo de Prehistoria de Valencia, la revista *Goya* de la Fundación Lázaro Galdiano, o las publicaciones del Museo de Arte Contemporáneo de Castilla y León (MUSAC), otra manera de acercarte a las colecciones que has visto en la sala, o a la temática en general.

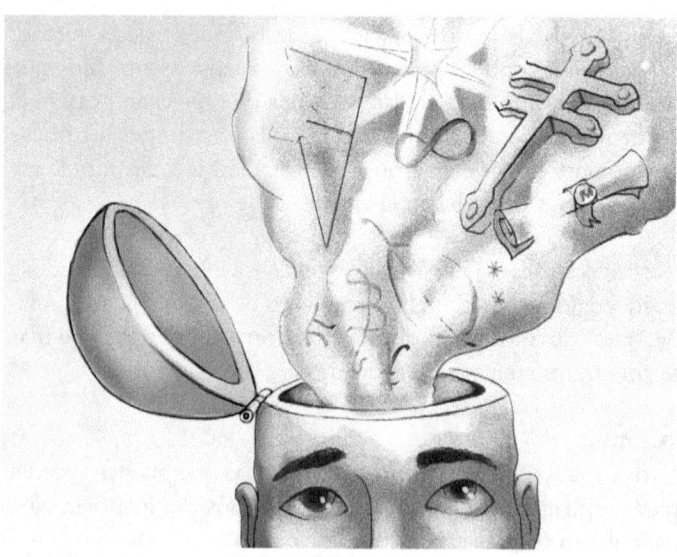

21. DEBATIR: COMPARTIR LA EXPERIENCIA

¿Por qué?

Compartir la experiencia vivida es una necesidad vital del ser humano. Dar tu punto de vista sobre lo que has experimentado al visitar el museo te enriquece, al mismo tiempo que te aporta otros puntos de vista de otras personas que también lo hayan visitado.

¿Cómo?

En primer lugar, has de tener en cuenta el tiempo que ha pasado desde que visitaste el museo, ya que el nivel de asimilación de tu visita depende de ello. Si acabas de salir de las salas del museo tendrás las ideas más frescas, y el debate será más dinámico. Si inicias un debate días después de la visita, tendrás las ideas generales más claras y ordenadas, pero no conservarás las inquietudes de los primeros momentos.

Tras una visita de entre una y cuatro horas, según el museo o la exposición, la percepción y concentración disminuye, y se empieza a notar fatiga mental. Elige espacios que no requieran de una concentración visual, preferiblemente lugares abiertos. El mismo museo suele ofrecer sitios de descanso en torno al edificio, desde cafeterías hasta jardines, a veces en espacios construidos anteriormente a la creación de la institución.

El Museo Nacional Centro de Arte Reina Sofía ofrece varios rincones donde acabar la visita, ya sea en los jardines del Edificio Sabatini, o bien en el patio, la terraza o la cafetería de la ampliación de Nouvel. Otra opción preferible es alejarse del entorno museístico, caminar, sentarse en otro ámbito que nada tenga que ver con la temática y dar rienda suelta al debate; el Museo Nacional del Prado se ubica en un entorno muy apto para caminar y despejar la mente, con el Parque del Retiro a menos de diez minutos caminando.

Del mismo modo, todo cambia si has realizado la visita con acompañantes, o bien has decidido organizar por tu cuenta tu visita. Es más fácil comenzar un debate si visitaste el museo junto a una o más personas, pues se trata de una experiencia compartida que todos tendréis reciente, y mostraréis la inquietud de expresar vuestra propia vivencia.

Si decidiste ir solo, a pesar de que resulte una experiencia gratificante y te dé libertad para organizar el tiempo a tu gusto, tendrás más dificultad para transmitir tus sensaciones a otras personas que nunca hayan estado allí; en cambio, encontrarás otros puntos de vista y otras experiencias en personas que hayan asistido al mismo museo o exposición. Pero volvemos a incidir en el punto de vista de que no es lo mismo compartir una experiencia que transmitir nuestra experiencia.

22. OTROS MUSEOS: HACIA OTROS HORIZONTES

¿Por qué?

Un museo tiene su propia colección de objetos, por lo que la exposición tendrá un enfoque propio de la institución, un punto de vista concreto. Por otro lado, exceptuando las grandes instituciones museísticas, los museos suelen tener un marcado carácter geográfico.

Visitar otros museos de temática similar es ver otras colecciones de la misma naturaleza, con lo cual te inicias en una dinámica de aproximación cultural que rebasa la barrera territorial, a partir de ejercicios comparativos entre dos objetos cuya función y tipología es parecida, y que ofrecen otra perspectiva diferente y una visión de conjunto clara.

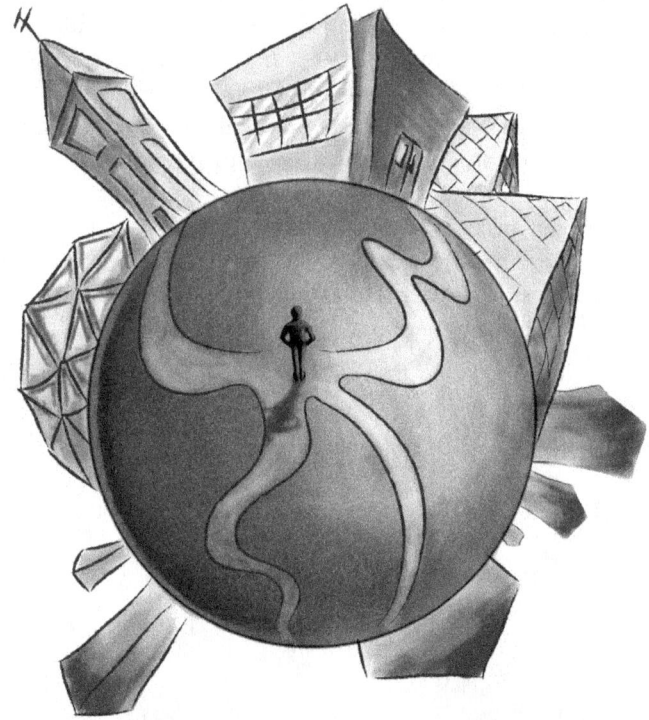

Serán, al fin y al cabo, tus propias inquietudes personales las que te lleven a indagar en otros lugares, sea cual sea la distancia que tengas que recorrer. El ejercicio se vuelve más atractivo cuanto más lejos tengas que desplazarte, pues el nivel de la experiencia aumenta y te incita a abrir los sentidos hacia otras maneras de ver la vida, más allá del museo que vayas a visitar.

¿Cómo?

La mejor herramienta para conocer museos y exposiciones de temática similar es Internet. Puedes consultar las webs de los propios museos; allí encontrarás enlaces hacia las páginas de los museos y otras instituciones que por su naturaleza y sus fines están en relación. Por ejemplo, en la red de museos de la Junta de Andalucía podemos acceder a la opción «Enlaces de interés», como en el caso del Museo de Bellas Artes de Sevilla, que nos ofrece un listado de museos de similar temática.

Siguiendo con Internet, son las propias redes sociales (Facebook, Twitter...) las que te indican nuevas rutas a seguir. Agrega los museos que más te interesen y que utilicen los servicios de estas redes sociales, como el Museo de América de Madrid, y consulta las actividades que oferta el museo: eventos, talleres... entre otros, que te servirán para organizar tu visita.

Además de Internet, puedes encontrarte con otros museos de temática similar a través de experiencias vividas por otras personas que han visitado un tipo de museo de la misma temática, y cuyos gustos se asemejan a los tuyos. ¡Ánimo! No dudes en compartir tus experiencias.

23. VOLVER: EXPRIMIR EL MUSEO

¿Por qué?

El factor tiempo nos limita a un recorrido concreto, y a una dedicación para cada sala y objeto en exposición. Siempre habrá algo que no pudiste ver, algo que quieres volver a ver, y algo que quieres ver con más detalle. Tras tu primera visita, obtienes una idea general de la exposición, de tal manera que ahora planificarás mejor tu siguiente visita para continuar investigando aquello que más te ha llamado la atención.

Es preciso recordar que el museo es un lugar creado para albergar el conocimiento, y ponerlo a disposición de la sociedad. Un museo es entretenido, pero el entretenimiento no es el objetivo final. En este contexto, el museo se ve como una herramienta del saber que utilizamos para crecer y crear sabiduría.

Sírvete de esta herramienta si pretendes llevar a cabo un trabajo de investigación, o simplemente para completar tus conocimientos acerca de un tema en concreto. Del mismo modo, este proceso de búsqueda de la sabiduría revierte en el museo en particular, y en la sociedad en general, a través de tu propia aportación

Asimismo, es tan gratificante volver al lugar visitado, como darlo a conocer a aquellos que no lo hayan visitado y que por tu propio consejo o su misma iniciativa han planificado una visita al museo.

¿Cómo?

Ahora que tienes una visión de conjunto del museo, puedes recorrer aquella sala que no pudiste ver con detenimiento, por falta de tiempo, porque el propio tránsito de público no te lo permitió, o por otro factor cualquier. Puede darse el caso de que, comentando tu visita con un familiar o amigo que también haya ido, te des cuenta de que no has visto algo realmente interesante, y merezca la pena volver. Grandes museos, como el

British Museum, albergan una colección de grandes proporciones, imposible de asimilar detenidamente en una sola visita. Tu próxima visita será más distendida, sin prisas, centrándote en alguna sala u obra, aunque siempre guardarás algo de tiempo para volver a ver alguna cosa que te impresionó en tu primera visita.

No solo hay obras en exposición. El museo es un lugar vivo y dinámico. Puedes elegir cualquiera de los eventos que te ofrecen, desde talleres educativos, hasta ciclos de cine y conciertos **(ver consejo nº 18)**. Mira en la web del museo, instituciones y centros de arte que te interesen, como CaixaForum o Matadero Madrid, cuyo calendario de actividades es intenso y dinámico.

Como última recomendación, sírvete de los veintitrés consejos anteriores siempre que quieras, repite, y disfruta la experiencia.

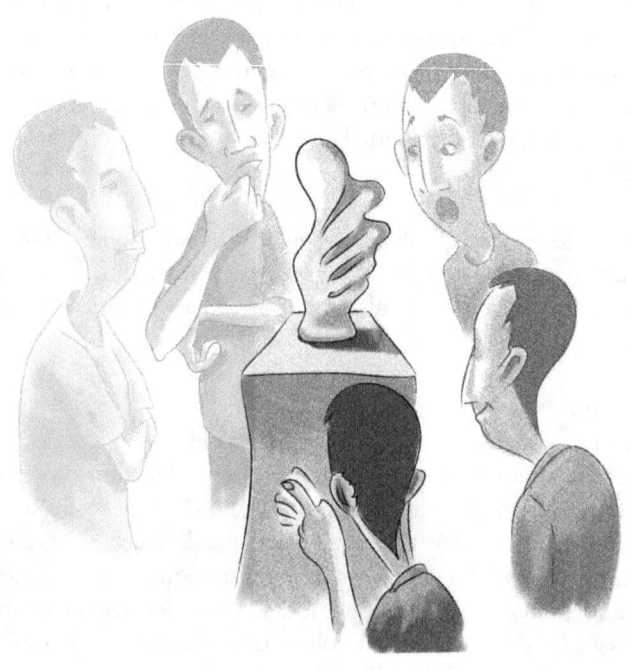

GLOSARIO DE TÉRMINOS

AUDIOGUÍA

Es un servicio ofrecido por la mayoría de museos con el que se facilita la comprensión de la colección y del museo en sí mismo a través de una serie de explicaciones que el visitante puede seleccionar y escuchar en un dispositivo electrónico. Debido a los avances de las nuevas tecnologías de la información y comunicación, cada vez son más frecuentes las audioguías que acompañan sus explicaciones con contenidos multimedia visibles en la pantalla del dispositivo.

BIEN DE INTERÉS CULTURAL (BIC)

Se trata de una figura de protección especial, recogida en la Ley 16/1985 de Patrimonio Histórico Español, destinada a los bienes muebles e inmuebles inscritos en el Patrimonio Histórico Español y que por su naturaleza requieren de una mayor protección.

CATÁLOGO

Dentro de los museos y centros expositivos hace referencia al conjunto de piezas que componen su colección permanente, y dentro de las exposiciones temporales a aquellas que se muestran. Generalmente vienen acompañadas por un estudio sobre la temática y sobre el contexto que las engloba. Se diferencia del inventario en que este generalmente no se publica y no siempre se puede consultar, mientras que el catálogo es accesible a todo el mundo; además, el inventario abarca todas las obras de los fondos del museo, mientras que un catálogo no necesariamente, ya que suele tratarlas por temáticas concretas.

CENTRO DE ARTE

Lugar de encuentro de artistas y otros profesionales del arte entre sí y con su público, para su desarrollo profesional e intelectual.

COLECCIÓN

Cada una de las piezas que conforman los fondos de un museo. Un mismo museo puede tener una o más colecciones clasificadas por temática, materiales, procedencia, cronología…

COMISARIO

Persona que concibe, organiza y diseña una exposición temporal. Es preciso añadir también que puede tratarse de un profesional que trabaja de forma dependiente o independiente respecto de una institución pública o privada.

Entre sus funciones entran la selección y ordenación de una serie de piezas y materiales con un criterio y un discurso propio, la exhibición pública de ese material, la explicación por todos los medios a su alcance (cartelas, paneles explicativos, catálogos, etc.) y la salvaguarda y conservación de dichas piezas y materiales.

CONSERVADOR

Profesional especializado en el ámbito de los museos. Sus funciones pueden variar según el departamento al que pertenezca. Se trata de la figura que se encarga de la gestión de la colección de la institución. Entre sus tareas se pueden encontrar la conservación preventiva, la investigación sobre las piezas, la gestión de las mismas (préstamo, correo, valorar nuevas adquisiciones…), la publicación de catálogos razonados, etc.

CONTEMPLAR

Observar con atención. Prestar atención a algo material o espiritual.

DEPARTAMENTO

Cada una de las áreas en las que se estructura el museo para mejorar su funcionamiento y organización. Las más frecuentes suelen ser:

- De **Adquisiciones**: se encarga de valorar las posibles incorporaciones de piezas a la colección del museo.

- De **Documentación**: se encarga de recoger, almacenar y recuperar la información sobre un museo y sus colecciones con el fin de que su personal y los visitantes puedan acceder a ella, ayudando a la gestión e interpretación de las piezas.

- **Didáctico** / de **Educación**: se encarga de acercar las colecciones al público diseñando una serie de materiales y actividades para todos los visitantes, con el fin de que puedan comprender y disfrutar la colección o exposición que presenta el museo.

- De **Difusión**: se encarga de comunicar las noticias y eventos relacionados con el museo al público y a los diversos medios de comunicación.

- De **Restauración-Conservación**: se encarga de realizar los estudios de conservación preventiva de las obras de la colección y, en caso necesario, procede a realizar las intervenciones que sean necesarias. En los casos en los que este departamento goce de un gran prestigio es habitual que colabore con otras instituciones interviniendo en piezas que no sean de su colección. Del mismo modo, existen instituciones, como el Instituto de Patrimonio Cultural de España (IPCE) o el Instituto Andaluz de Patrimonio Histórico (IAPH), que realizan estas labores.

DEPÓSITO

Almacén de un museo donde se albergan las obras que no se encuentran en exposición. Por lo general, cuentan con unas condiciones ambientales controladas para una adecuada conservación de los materiales.

DÍA INTERNACIONAL DE LOS MUSEOS

Desde 1977, impulsado por el ICOM, se viene celebrando en fechas próximas al 18 de mayo. Con él se pretende acercar y concienciar a las personas de la importancia que juegan los museos en la cultura y en la sociedad.

DISCURSO EXPOSITIVO

Orden diseñado por un comisario o conservador para una exposición con el fin de darle una secuenciación lógica a las piezas que se muestran.

DISFRUTE INTELECTUAL

Tipo de disfrute que se produce al reconocer las obras durante la visita gracias a un conocimiento previo de las mismas o cuando éstas son auténticas, únicas o muy antiguas.

DISFRUTE SENSORIAL

Tipo de disfrute que se produce a través de los sentidos.

ECOMUSEO

Concepto acuñado por Huguhes de Varaine y George Henri Rivière en 1971. Se trata de un centro museístico que versa sobre la identidad de un territorio y se sustenta en su comunidad para conseguir mejorar el bienestar de la misma.

EXPERIENCIA ESTÉTICA

Experiencia que se deriva de la interacción entre un sujeto y un objeto que puede ser artístico o de la naturaleza y que produce una interacción relativa a la belleza, en el sentido más amplio de la palabra. Se trata de una interacción que produce emociones que pueden ir desde el placer, el conocimiento y desarrollo de ideas creativas, hasta el rechazo y el desagrado.

EXPOSICIÓN

Espectáculo: El término deriva de «Blockbuster exhibition», y son grandes muestras temporales que pretenden atraer a una gran cantidad de público. La primera que tuvo esta consideración fue la exposición «Tutankhamun treasures» que exponía objetos de la tumba de Tutankamón y que tuvo carácter itinerante durante las décadas de 1960 y 1970.

- **Itinerante**: Se trata de una exposición temporal que además se celebra en diversas instituciones.

- **Permanente**: Se refiere a aquella que se muestra en el museo de forma continua, aunque sus obras pueden rotar con las que se encuentren en el depósito.

- **Temporal**: Son aquellas exposiciones con una duración determinada con antelación. Generalmente los museos las planifican anualmente y se puede consultar cuáles se organizarán con anterioridad a su inauguración. Se realizan tanto con los fondos del propio museo como con préstamos de otras instituciones, con el fin de que su discurso sobre una temática concreta sea lo más completo posible.

FERIA DE ARTE

Muestra con una duración determinada en la que diversas galerías invitadas venden y promocionan obras de arte, generalmente de artistas contemporáneos. Por lo general los primeros días están reservados a especialistas y profesionales del arte, abriendo los últimos días para todos los públicos.

GALERÍA DE ARTE

Espacio dedicado a vender obras de arte y a promocionar artistas a través de exposiciones.

ICOM

El International Council of Museums (Comité Internacional de Museos) es un órgano consultivo de la UNESCO creado en 1946 por y para los profesionales de museos. En la actualidad lo conforman 117 comités nacionales y 31 internacionales, que con sus tres idiomas oficiales —inglés, francés y español—, tiene un papel esencial en los deberes y derechos de los museos, estableciendo las normas necesarias para la administración y organización de su patrimonio. En su Código Deontológico se establecen una serie de prácticas para los museos que todo miembro de la organización se compromete a cumplir.

Colabora activamente con otros organismos como la INTERPOL o la Organización Mundial de Aduanas (OMA) en la lucha contra el tráfico ilícito de bienes culturales, la gestión de riesgos, la promoción de la cultura y la protección del patrimonio material e inmaterial.

INVENTARIO

Listado en el que se reúnen todos los fondos de un museo para su control. Dentro de cada entrada suelen reflejarse las intervenciones, traslados y demás vicisitudes que ha sufrido la pieza desde su ingreso en el museo.

MUSEO

La procedencia etimológica de esta palabra deriva del término griego μουσεῖον (*mouseion*), un templo dedicado a las nueves musas. En 1946, el ICOM aporta una definición de museo en sus estatutos (artículo 3, sección 1) que ha sido revisada en varias ocasiones para adaptarla a las nuevas funciones de estas instituciones, la última se produjo en la 22ª Conferencia general de Viena en 2007: «Un museo es una institución permanente, sin fines de lucro, al servicio de la sociedad y abierta al público, que adquiere, conserva, estudia, expone y difunde el patrimonio material e inmaterial de la humanidad con fines de estudio, educación y recreo».

Aunque esta definición es un referente internacional no es la única existente, y en España se contemplan otras en las diversas leyes de patrimonio. En la Ley 16/1985 de Patrimonio Histórico Español (capítulo II, Artículo 59.3) se denomina museo a «[...] las instituciones de carácter permanente que adquieren, conservan, investigan, comunican y exhiben para fines de estudio, educación y contemplación conjuntos y colecciones de valor histórico, artístico, científico y técnico o de cualquier otra naturaleza cultural».

- **Antropológico**: Son museos cuyas piezas y contenidos tratan sobre los aspectos biológicos y sociales del ser humano, poniendo de manifiesto la diversidad cultural.

- **Arqueológico**: Son museos dedicados a la divulgación de la arqueología y cuya colección procede en su mayor parte de excavaciones. Si el museo se encuentra junto al yacimiento arqueológico de procedencia de su colección se trata de un museo de sitio.

- **De arquitectura**: Son museos cuyos contenidos se dedican a estudiar los procesos constructivos, sus creadores y los edificios diseñados por ellos. Su exposición se basa en la exhibición de proyectos y materiales constructivos (maquetas, planos, fotografías,…).

- **De arte contemporáneo**: Son museos cuyas obras y contenidos tienen una cronología que comprende desde finales del siglo XIX hasta la actualidad.

- **De artes decorativas**: Son museos cuyas obras y contenidos se dedican a aquellas artes destinadas a producir objetos funcionales y ornamentales, como pueden ser la orfebrería, los bordados, el vidrio, la cerámica o el mobiliario.

- **De bellas artes**: Son museos dedicados a las diferentes disciplinas artísticas, y cuyas colecciones están formadas fundamentalmente por pintura y escultura.

- **Ciencias Naturales**: Son museos dedicados al conocimientos de la diversidad del mundo natural y entre sus colecciones se encuentran, entre otras cosas, muestras de flora, de fauna y geológicas.

- **Científico-tecnológico**: Son museos cuyos objetos y contenidos sirven como instrumentos de estudio y difusión de la ciencia entre la sociedad. Suelen ser bastante intuitivos y contener objetos que se pueden manipular e instalaciones interactivas.

- **Etnográfico**: Son museos cuyos objetos y contenidos tratan del folklore y de los usos y costumbres populares de una sociedad.

- **Histórico**: Son museos cuyos contenidos se dedican a difundir la historia general de una ciudad o territorio concreto para ayudar a comprender los sucesos acontecidos en él.

- **Marítimo y naval**: Son museos cuyos objetos y contenidos tratan sobre la navegación y todo lo relacionado con el mar.

- **Militar**: Son museos cuyos objetos y contenidos están asociados al ejército o a acontecimientos bélicos.

MUSEOGRAFÍA

Según una de las acepciones del ICOM, se trata del conjunto de técnicas desarrolladas para llevar a cabo las funciones museales y particularmente las que conciernen al acondicionamiento del museo, la conservación, la restauración, la seguridad y la exposición.

MUSEOLOGÍA

Ciencia que estudia el museo y las relaciones que este establece con la sociedad.

- **Nueva museología**: término acuñado por una generación de museólogos (como Marc Maure, André Desvallées, George Henri Rivière) entre las décadas de los 60 y 80 del siglo XX con el que se otorga al museo y a la museología nuevas funciones de desarrollo y cambio social. Para conseguir estos objetivos sociales los museos se sirven de nuevos métodos de comunicación y gestión que tienden hacia la interdisciplinariedad.

ÓRGANO DE GOBIERNO U ÓRGANO RECTOR

Es imprescindible en cada museo la existencia de un órgano de gobierno u órgano rector, descrito por el ICOM como el grupo compuesto por personas físicas o jurídicas encargadas de la elaboración de los estatutos, el cumplimiento de la normativa, la perdurabilidad, el desarrollo estratégico y la financiación de un museo. Su nombramiento corre a cargo del titular del museo, sea público o privado.

ÓRGANO DIRECTIVO U ÓRGANO GESTOR

El órgano directivo o gestor es el encargado de ejecutar las directrices establecidas por el órgano de gobierno, según los objetivos reflejados en los estatutos del museo. Está formado por la dirección y el personal adscrito para el cumplimiento de las principales funciones que cubran las necesidades de la institución, organizándose para ello en una serie de departamentos determinados.

PATRIMONIO CULTURAL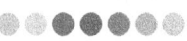

Conjunto de bienes con valor artístico, histórico, arqueológico, etnográfico, paleontológico, científico o técnico de una sociedad, que deben ser inventariados, protegidos, conservados y difundidos para promover el enriquecimiento social y asegurar la transmisión de estos bienes a las futuras generaciones.

- **Inmaterial**: Es el resultado de los valores y de las expresiones y tradiciones vivas en las distintas comunidades y grupos de personas, que han sido transmitidas de generación en generación generalmente de forma oral, y que las representan y singularizan. Dentro de ellas se inscriben las tradiciones orales, rituales, folklore, artesanía, o prácticas sociales, entre otras.

- **Material**: Son aquellos bienes culturales tangibles, ya sean muebles o inmuebles.

PATRIMONIO MUNDIAL

Categoría creada en 1972 en la «Convención para la protección del patrimonio mundial cultural y natural» de la UNESCO. Se trata de una herramienta que permite dar mayor protección a los «bienes inestimables e irremplazables de las naciones», y cuya desaparición «supondría una pérdida invaluable para la humanidad entera». Estos bienes pueden ser culturales, naturales o mixtos. Para que un bien entre en la lista ha de solicitarlo el país que lo alberga mediante un informe que presenta a la UNESCO; esta evalúa dicho informe y puede aceptar o denegar el ingreso del bien en la lista.

PATRIMONIO NATURAL

Conjunto de bienes con valor geológico, biológico y ecológico, que deben ser inventariados, protegidos, conservados y difundidos para promover el enriquecimiento social y asegurar la transmisión de estos bienes a las futuras generaciones.

PINTORESCO

Aquello que resulta diferente, que es completamente nuevo, original y que debido a su singularidad provoca en nosotros nuevas sensaciones.

RECURSOS DIDÁCTICOS

Dentro de los museos son aquellos elementos museográficos y actividades destinados a fomentar y facilitar el aprendizaje y la transmisión de una serie de conocimientos.

SUBLIME

Aquello que sobrepasa por completo al ser humano, que lo empequeñece y escapa completamente a su control pero por lo que, a su vez, se siente atraído.

TURISMO CULTURAL

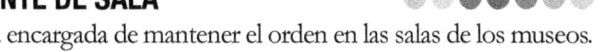

Tipo de turismo en el que se pretende conocer el patrimonio natural y cultural de una determinada zona. Thomas Cook, pionero del turismo, fue quien comenzó a comercializar paquetes en los que se incluía transporte y entrada a la Exposición Universal de Londres de 1851, aunque hay que esperar a la llegada de la llamada sociedad del bienestar para que consiga su eclosión a nivel global.

VIGILANTE DE SALA

Persona encargada de mantener el orden en las salas de los museos.

VISITA GUIADA

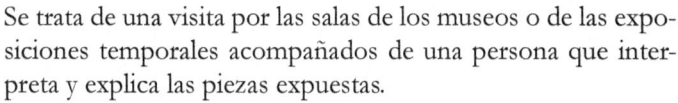

Se trata de una visita por las salas de los museos o de las exposiciones temporales acompañados de una persona que interpreta y explica las piezas expuestas.

CROMA
CULTURA